*Тропа́рь
преподо́бному Паи́сию Святого́рцу
Глас 5. Подо́бен: Собезнача́льное Сло́во:*

Боже́ственныя любве́ огнь прие́мый, / превосходя́щим по́двигом вда́лся еси́ весь Бо́гови, / и утеше́ние мно́гим лю́дем был еси́, / словесы́ Боже́ственными наказу́яй, / моли́твами чудотворя́й, / Паи́сие Богоно́се, / и ны́не мо́лишися непреста́нно // о всем ми́ре, преподо́бне.

*Конда́к
Глас 8. Подо́бен: Взбра́нной:*

А́нгельски на земли́ пожи́вый, / любо́вию просия́л еси́, преподо́бне Паи́сие, / мона́хов вели́кое утвержде́ние, / ве́рных к житию́ свято́му вождь, / вселе́нныя же утеше́ние сладча́йшее показа́лся еси́, / сего́ ра́ди зове́м ти: // ра́дуйся, о́тче всеми́рный.

ПРЕПОДОБНЫЙ
ПАИСИЙ СВЯТОГОРЕЦ

СЛОВА

ТОМ VI

О МОЛИТВЕ

Перевод с греческого
Четвертое издание

Орфограф
МОСКВА

УДК [271.22 – 475.5:271.22 – 534.3] Паисий Святогорец
ББК 86.372.33 – 43 + 86.372 – 503.1
П12

Рекомендовано к публикации
Издательским Советом Русской Православной Церкви
№ ИС Р19-928-3425

Перевод на русский язык выполнен
братией Свято-Преображенского скита
Данилова мужского ставропигиального монастыря
с издания:

Γέροντος Παϊσίου Ἁγιορείτου. Λόγοι. Τόμος ΣΤ΄: Περὶ Προσευχῆς.
Ἱερὸν Ἡσυχαστήριον Μοναζουσῶν "Εὐαγγελιστὴς Ἰωάννης ὁ Θεολόγος",
Σουρωτὴ Θεσσαλονίκης, 2012.

П12 **Паисий Святогорец, преподобный**
Слова. Т. 6 : О молитве / преподобный Паисий Святогорец ; перевод с греч. — 4-е издание. — М. : Орфограф, 2021. — 288 с. : ил.
ISBN 978-5-6052841-2-3

Преподобный Паисий хотел выпустить книгу, полезную всем: мирянам, монахам и священнослужителям, но не успел, отдав всё своё время и силы молитве и общению с приходившими к нему людьми. После преставления преподобного его письма, записи поучений и бесед были систематизированы для удобства использования в повседневной жизни, ибо сам старец говорил: «Задача в том, чтобы вы работали, применяли услышанное на деле».

Преподобный Паисий ведёт нас в царство славословия, начиная с самых простых и нужных вещей: как понять, что молитва для нас — насущная необходимость, как приступать к ней и сохранять внимание, как бороться с леностью и унынием. Вручая нам такие духовные оружия как Псалтирь, поклоны и молитву по чёткам, старец научает *непрестанно молиться и за всё благодарить*.

УДК [271.22 – 475.5:271.22 – 534.3] Паисий Святогорец
ББК 86.372.33 – 43 + 86.372 – 503.1

© Ἱερὸν Ἡσυχαστήριον Μοναζουσῶν
"Εὐαγγελιστὴς Ἰωάννης
ὁ Θεολόγος", 2012
© Издательство «Орфограф»,
ISBN 978-5-6052841-2-3 издание на русском языке, 2021

СОДЕРЖАНИЕ

Предисловие ... 11

ЧАСТЬ ПЕРВАЯ
ОБ ОБЩЕНИИ С БОГОМ

ГЛАВА ПЕРВАЯ
О том, что молитва — это разговор с Богом ... 19

ГЛАВА ВТОРАЯ
О том, что молиться необходимо ... 25

ГЛАВА ТРЕТЬЯ
О том, как молиться, чтобы Бог нас услышал ... 32

ГЛАВА ЧЕТВЁРТАЯ
О том, как готовиться к общению с Богом ... 40

ЧАСТЬ ВТОРАЯ
БОРЬБА ЗА МОЛИТВУ

ГЛАВА ПЕРВАЯ
О трудностях в молитве ... 49

ГЛАВА ВТОРАЯ
О том, что диавол ведёт брань
против человека, который молится   63

ГЛАВА ТРЕТЬЯ
О том, как согревается сердце в молитве   68

ГЛАВА ЧЕТВЁРТАЯ
«Приидите, поклонимся…»   79

ЧАСТЬ ТРЕТЬЯ
ПРЕСВЯТАЯ БОГОРОДИЦА, АНГЕЛЫ И СВЯТЫЕ — ХОДАТАИ ПЕРЕД БОГОМ И НАШИ ПОКРОВИТЕЛИ

ГЛАВА ПЕРВАЯ
О том, что Пресвятая Богородица — наша
нежная и заботливая Мать   87

ГЛАВА ВТОРАЯ
Об Ангеле-хранителе   99

ГЛАВА ТРЕТЬЯ
О том, что святые — это любимые чада Божии   103

ЧАСТЬ ЧЕТВЁРТАЯ
«ПРОСИТЕ, И ДАСТСЯ ВАМ»

ГЛАВА ПЕРВАЯ
О молитве за самих себя   125

ГЛАВА ВТОРАЯ
О молитве за других   132

ГЛАВА ТРЕТЬЯ
О молитве за усопших   144

ГЛАВА ЧЕТВЁРТАЯ
О том, что Псалтирь — это молния,
поражающая диавола   152

ЧАСТЬ ПЯТАЯ
МОЛИТВА ИИСУСОВА И ТРЕЗВЕНИЕ

ГЛАВА ПЕРВАЯ
О силе молитвы Иисусовой   161

ГЛАВА ВТОРАЯ
О молитвенном делании   167

ГЛАВА ТРЕТЬЯ
Об умном делании   179

ГЛАВА ЧЕТВЁРТАЯ
О соработничестве ума и сердца   188

ЧАСТЬ ШЕСТАЯ
БОГОСЛУЖЕБНАЯ ЖИЗНЬ

ГЛАВА ПЕРВАЯ
О периодах церковного года   197

ГЛАВА ВТОРАЯ
Об общей молитве   207

ГЛАВА ТРЕТЬЯ
Об участии в таинстве Божественной Евхаристии   212

ГЛАВА ЧЕТВЁРТАЯ
«По́йте Бо́гу на́шему, по́йте»   218

ЧАСТЬ СЕДЬМАЯ
О ЦАРСТВЕ СЛАВОСЛОВИЯ

ГЛАВА ПЕРВАЯ
О славословии Бога 231

ГЛАВА ВТОРАЯ
О царстве славословия 236

ГЛАВА ТРЕТЬЯ
О дарах Божиих 239

ПРИЛОЖЕНИЯ

Псалтирь с «Обстоятельствами»
преподобного Арсения Каппадокийского 251
Указатель к «Обстоятельствам» 270
Именной указатель 275
Тематический указатель 277
Указатель ссылок на Священное Писание 285
Список иллюстраций 287

ПРЕДИСЛОВИЕ

В пяти предыдущих томах «Слов» старца Паисия часто заходит речь о молитве. Старец Паисий, будучи монахом «без изъяна и упрёка», считал своим главным деланием молитву. Общаясь с разными людьми, монахами и мирянами, он всегда стремился помочь им научиться вверять свою жизнь Богу посредством молитвы. В этом, шестом томе «Слов» старца, который вы держите в руках и который издаётся по благословению нашего Пастыреначальника Высокопреосвященнейшего митрополита Кассандрийского Никодима, содержатся поучения старца, исключительно посвящённые молитве.

Согласно старцу Паисию, молитва — это великая возможность, которую даровал нам Бог для того, чтобы мы могли общаться с Ним и просить Его о помощи. Старцу было больно видеть людей, мучающихся и «полагающих свои крохотные человеческие силы», забыв о том, что они имеют возможность попросить помощи у Бога, «Который может послать не просто Божественную силу, но многие Божественные силы, и подаваемая помощь будет тогда не просто Божественной помощью, но Божиим чудом». Поэтому старец настаивал на том, что мы должны почувствовать молитву необходимостью, и старался помочь тем, кто ещё не освоил науку молиться, «положить доброе начало, чтобы сердце „завелось", заработало в молитве". А тех, кто уже приобрёл добрый навык молитвы, старец укреплял, чтобы такие люди молились с бóльшим любочестием и теплотой. Как одним, так и другим он старался объяснить, что главная предпосылка для общения с Богом — это покаяние и смирение. «Брат мой, — пишет старец в одном из своих писем, — не проси в молитве ничего другого, кроме покаяния… Покаяние даст тебе смирение, смирение даст тебе благодать Божию, а у Бога в благодати Его припасено для тебя всё необходимое ко спасению, и вдобавок на всякий случай там есть и всё необходимое, чтобы ты смог помочь и ещё чьей-то душе при случае». А в другом письме старец пишет так: «Я стараюсь сокрушаться перед Богом, простирая перед Ним мои грехи и неблагодарности, смиренно просить Его милости и в славословии Его благодарить».

Книга состоит из семи частей. В первой части речь идёт о молитве вообще, о молитве, которой старец жил, ощущая её как необходимость души в постоянном и непрестанном общении с Богом. Он говорил, что мы должны находиться в постоянном контакте с Богом и никогда не выключать свою «рацию», настроенную на частоту Бога, для того чтобы чувствовать себя уверенно. Молитва — это защищённость. Если мы осознаем этот факт, то будем чувствовать необходимость непрестанного общения с Богом и достигнем непрестанной молитвы.

Старец Паисий за руку ведёт нас к подлинной и чистой молитве, показывая нам необходимые для неё предпосылки и подчёркивая, что одновременно с молитвой должна совершаться и соответствующая духовная борьба. Иными словами, чтобы находиться на связи с Богом, мы должны настроиться с Ним на одну частоту — частоту смирения и любви. Страсти, главным образом гордость и отсутствие духовного благородства (то есть отсутствие жертвенности), — это радиопомехи, мешающие нашему общению с Богом. Поэтому до того, как начать молиться — то есть приобщаться Богу, находясь с Ним на одной частоте, — необходима подготовка, подобная той, которую мы совершаем перед тем, как приобщиться Ему в причащении Святых Таин. Покаяние и смиренное исповедание наших грехов Богу «разрушает стену, или, лучше сказать, Бог Сам открывает нам дверь, и мы принимаем благодать общения с Ним».

Во второй части тома идёт речь о препятствиях, с которыми мы сталкиваемся в молитве: нерадением, унынием и рассеянностью. Также и диавол старается оторвать нас от общения с Богом, заводя с нами свои разговорчики. Старец даёт практические советы о том, каким образом может согреться наше сердце и начать работать в молитве. Непродолжительное, но «сильное» чтение перед молитвой согревает сердце. Пение церковных песнопений помогает победить уныние и создаёт наилучшие предпосылки для охотного занятия молитвой Иисусовой. Старец именует чётки «пулемётом против диавола» и говорит о том, что поклоны помогают «завести наш духовный мотор».

В третьей части тома идёт речь о нашей нежной и любящей Матери — Пресвятой Богородице, об ангеле-хранителе, а также о святых — наших защитниках и ходатаях пред Богом. Пресвятая Богородица Своими совершенным послушанием Богу и смирением стала участницей в осуществлении предвечного Божия Совета о спасении человека. Поэтому Она и слышит нашу молитву и возводит наши прошения Своему Сыну и Богу. Одновременно, если мы живём по Богу, наш ангел-хранитель пребывает рядом с нами, защищает нас и спасает от опасностей и бед. И все святые, когда мы призываем их с верою и благочестием, спешат нам на помощь.

Четвёртая часть посвящена прошениям в молитве. Старец говорил, что хорошо разделять молитву на три части: о себе, о мире и об усопших. В последней главе четвёртой части идёт речь о Псалтири и о том, как молиться по ней, используя «Обстоятельства» преподобного Арсения Каппадокийского. Сами «Обстоятельства» и чин, которым старец Паисий пользовался при молитве о той или иной нужде, читая соответствующий псалом, представлены в приложении в конце тома.

Пятая часть содержит в себе советы старца об Иисусовой молитве и о трезвении, то есть духовном бодрствовании, которое необходимо для собирания ума воедино. Человеческий ум похож на «подростка, который предоставлен самому себе, хочет без конца скитаться тут и там, беспризорничать и нарушать правила». Старец советует воспитывать его духовно и учить его «больше быть дома, в раю, рядом со своим Отцом и Богом».

В отношении собирания ума воедино в молитве Иисусовой старец, не отвергая различных технических приёмов, подчёркивает то, что эти приёмы имеют лишь вспомогательное значение, а необходимые предпосылки для занятия Иисусовой молитвой — это покаяние и сердечная боль, которая придёт естественным образом, без искусственных усилий, когда человек прочувствует, насколько он грешен и неблагодарен по отношению ко многим благодеяниям Божиим, а также когда выйдет из пределов своего «я» и поставит себя на место тех, кто страдает.

В шестой части повествуется о богослужебной жизни нашей Церкви. Здесь собраны советы старца, имеющие отношение к участию в церковных службах и правильному приготовлению ко причащению Святых Христовых Таин. Последняя главка этой части посвящена церковному пению, которое есть «не только молитва, но в нём сердце как бы прорывается и через край хлещут духовные сердечные чувства».

Седьмая и последняя часть тома посвящена славословию Бога. Старец советует после каждого исполнения наших прошений «воздавать сердечное славословие и благодарить с радостью». Также он подчёркивает, что любой человек, стоит ему задуматься о множестве Божиих благодеяний, будет денно и нощно славословить Господа. А Его любочестные дети славословят Его ещё и в скорбях и испытаниях. В постоянном славословии Бога, в постоянном благодарении Ему человек ощущает «всё богатство Его Благости». И чем больше человек славословит и благодарит Бога, тем больше и больше благословений подаёт ему Бог. Последняя глава седьмой части посвящена Божественным дарованиям, которые подаются смиренным и любочестным людям — тем, кто возделывает покаяние и всё приносит в жертву ради любви к Богу. Старец, сам вкусив той великой сладости и неизреченного радования, которые Божественная благодать дарует посещаемой ею душе, говорил об этом состоянии так: «Тогда ум останавливается от присутствия Божия. Исчезают мысли, и душа ощущает лишь сладость Божественной любви, Божественной теплоты и заботы». Молитва тогда останавливается, поскольку «ум соединился с Богом и ни за что не хочет с Ним разлучаться».

В каждой части тома неоднократно говорится о смирении и осознании нами своей греховности, а также о благородном поведении и соучастии в боли других людей. Всё перечисленное составляло для старца Паисия основные принципы духовной жизни и необходимые предпосылки для сердечной молитвы. «Насколько возможно, возделывайте сердечную молитву, соединённую с любовью и смирением», — советует старец в одном из писем. Кроме того, часто старец приводит примеры из собственного духовного опыта борьбы либо делится с нами опытом пережитых им божественных состояний. Это тоже было одной из форм «духовной милостыни», которую он подавал нам по своей великой любви ради того, чтобы нам помочь.

От сердца благодарим всех, кто читал рукопись настоящего тома при его подготовке к изданию и своими советами помог сделать его лучше.

Молитвенно желаем, чтобы с помощью Божией мы полюбили молитву и смиренно и любочестно трудились над тем, чтобы возделать её в себе, да Царствия Христова приобщимся, воспевающе Его яко Бога во веки веков. Аминь.

*Пятница Светлой седмицы 2012 года,
день празднования иконы Пресвятой Богородицы
«Живоносный Источник»*

*Игумения обители святого апостола
и евангелиста Иоанна Богослова
монахиня Филофея с сёстрами во Христе*

ЧАСТЬ ПЕРВАЯ

ОБ ОБЩЕНИИ С БОГОМ

*«Блаженны те, кто установил связь
с Небесным Командным Пунктом и, благоговея
перед Богом, работает с Ним на одной
частоте».*

ГЛАВА ПЕРВАЯ
О ТОМ, ЧТО МОЛИТВА — ЭТО РАЗГОВОР С БОГОМ

*Блаженны установившие связь
с Небесным Командным Пунктом*

— Геронда, что значит молитва лично для Вас?
— Молясь, я посылаю радиосигнал и прошу о помощи. Я постоянно прошу помощи у Христа, у Божией Матери, у святых… И для себя самого, и для других. Ведь если не просить, то никакой помощи не получишь.

Помню, во время гражданской войны нас на одной высоте окружили и блокировали части коммунистов, их было тысяча шестьсот человек. А нас — всего сто восемьдесят бойцов. Мы окопались и держали оборону за скалами. Если бы они нас захватили, то не оставили бы в живых никого. Я, будучи радистом, пытался установить антенну, чтобы связаться с Центром. Но где там: её то и дело сбивало пулями и осколками. Ротный кричал: «А ну бросай эту антенну, бегом ко мне, помогай таскать ящики с гранатами!» Когда ротный уползал к пулемётчикам проверить, как у них дела, и отдать приказания, я тут же бежал к рации. Пока он отдавал приказы, я вновь и вновь пробовал установить антенну, а потом бежал обратно, помогал таскать ящики, чтобы командир не ругался. В конце концов с помощью палки и сапёрной лопатки я смог закрепить антенну и установить связь с командным пунктом. Я успел передать всего два слова — наши координаты. Слава Богу, пары слов хватило, чтобы изменить всё! На рассвете прилетели наши штурмовики и разбомбили позиции противника. Мы были спасены! Это, по-твоему, что — пустяки? Сто восемьдесят бойцов в окружении, против тысячи шестисот, и в конечном итоге — остаются в живых!

Тогда-то я и понял, в чём великое предназначение монаха: помогать молитвой. Люди мирские болтают: «Чем занимаются эти монахи? Почему они не идут в мир помогать обществу?» Но говорить так — всё равно что на войне укорять радиста: «Ну что ты там возишься со своей рацией? Бросай её, хватай винтовку и беги стрелять!..»

Даже установив связь со всеми радиостанциями на свете, мы не получим от этого никакой пользы, если не будем иметь небесного общения и контакта с Богом. Общение и контакт с Ним необходимы для того, чтобы просить у Него помощи. И не только просить, но и получать. Блаженны те, кто установил связь с Небесным Командным Пунктом и, благоговея перед Богом, работает с Ним на одной частоте.

Христос даёт нам возможность с Ним разговаривать

— Геронда, моя молитва — повод для скорби и печали. Она у меня совсем не идёт. Что мне делать?

— А ты разговаривай со Христом, с Божией Матерью, с ангелами и со святыми непринуждённо, искренне и не подбирая специально слова. Делай это, где бы ты ни оказалась, и говори всё, что захочется. Например: «Христе мой!» или «Матерь Божия, Ты ведь знаешь, в каком я состоянии. Помоги мне!» Постоянно разговаривай с Ними так, просто и смиренно, о том, что тебя беспокоит. А после — твори молитву Иисусову: «Господи Иисусе Христе, помилуй мя».

— Геронда, я молюсь рассеянно.

— Молясь, думай о том, с Кем ты сейчас разговариваешь. С Самим Богом! Это, по-твоему, что — безделица? Когда человек разговаривает с важным чиновником, то погляди, с каким вниманием он произносит каждое слово! Следит, чтобы не ляпнуть какую-нибудь глупость, порой заикается, язык заплетается от смущения… Но если с человеком мы говорим настолько внимательно, то насколько собраннее надо быть, когда разговариваешь с Богом! Обрати внимание: даже ребёнок, желая поговорить с отцом или пожилым человеком, смущается при разговоре. А когда ребёнок хочет поговорить с учителем, которого к тому же немного побаивается, то смущается ещё больше. А мы? Разговариваем с Самим Богом, с Божией Матерью, со святыми — и этого не понимаем?

— До прихода в монастырь, геронда, я не сомневалась, что монашество и молитва — неразрывные вещи. А теперь мне так трудно молиться… Мне кажется, что молитва — самое трудное и утомительное дело.

— Ты у нас, по-моему, филолог по образованию? Тебе нравится разговаривать, и от бесед с людьми ты не устаёшь. Однако со Христом, Который снисходит до беседы с тобой, ты разговаривать устаёшь, и такая беседа кажется тебе трудной. Ты в своём уме? Это всё равно что сказать: «Ох, беда-то какая, пора идти с царём разговаривать… Желания никакого, да делать нечего, придётся идти». Христос даёт нам возможность постоянно общаться с Ним в молитве, а мы этого… не хотим? Виданное ли дело!.. И самое удивительное, что Он Сам хочет с нами разговаривать, желая нам помочь, но нам, видите ли, лень говорить с Ним!

— Геронда, я часто впадаю в болтовню, а потом из-за этого переживаю.

— Если хочется поговорить — лучше поговори со Христом. Разговаривая со Христом, человек никогда об этом не жалеет. Понятно, что склонность к болтовне — это страсть. Но если обратить эту склонность к духовной пользе, то она может стать предпосылкой для молитвы. Представляешь, есть такие люди, которым даже разговаривать лень! А в тебе живёт какая-то сила, ты всё порываешься с кем-нибудь поговорить… Если ты обратишь эти порывы к духовной пользе, то твоя душа освятится. Постарайся говорить с людьми только о необходимом и всё время разговаривать со Христом. Стоит тебе завести с Ним смиренную беседу, как ты перестанешь замечать, что происходит вокруг: настолько интересным и сладким будет это общение. Меня вот даже духовные разговоры утомляют, а молясь, я переживаю необыкновенный покой.

Молитва — это разговор с Богом. Я иногда завидую людям, жившим во времена Христа: ведь они видели Его своими глазами и слышали своими ушами, они даже могли с Ним разговаривать. Но думаю, что мы находимся в лучшем, по сравнению с ними, положении, потому что они не могли часто беспокоить Его, тогда как мы в молитве можем разговаривать с Ним не переставая.

Трепетное желание молитвы

— Геронда, как нужно молиться?

— Почувствуй, что ты маленький ребёнок, а Бог — твой Отец, и, не теряя этого ощущения, проси Его обо всём, что тебе необходимо. Если будешь так разговаривать с Богом, то наступит момент, когда уже не захочется отходить от Него ни на шаг. Ведь только в Боге человек обретает безопасность, утешение, невыразимую любовь, соединённую с Божественной нежностью.

Молиться — значит поместить Христа в своё сердце, возлюбить Его всем своим существом. *Возлю́биши Го́спода Бо́га твоего́ от всего́ се́рдца твоего́, и от всея́ души́ твоея́, и все́ю кре́постию твое́ю, и всем помышле́нием твои́м*[1], — говорит Священное Писание. Когда человек, возлюбив Бога, находится с Ним на связи, ничто земное его уже не прельщает. Он становится словно сумасшедший. Заведи сумасшедшему самую лучшую музыку — она его не тронет. Приведи его в музей и покажи картины лучших живописцев на свете — он пройдёт мимо, как ни в чём не бывало. Поставь перед ним самые изысканные блюда, разодень его в самые красивые и модные наряды, разлей вокруг него самые тонкие ароматы — он ни глазом, ни носом не поведёт. Сумасшедший живёт в собственном мире. Так и человек, находящийся на связи с горним миром: он весь там, он ни за что не хочет спускаться на землю. Попробуй оторви от матери ребёнка, который её обнял! Так нельзя и оторвать от молитвы человека, который понял её смысл. Что чувствует малыш в объятиях матери? Это может понять только тот, кто почувствовал, что Бог рядом с ним — близко, совсем близко, а сам он — ребёнок в Его объятиях.

Я знаю людей, которые во время молитвы ощущают себя маленькими детьми. Если бы кто-то услышал их в это время, то воскликнул бы: «Да они же просто дети малые!..» А если бы кто-то подсмотрел, как они себя ведут во время молитвы, то сказал бы, что эти люди точно сошли с ума! Они становятся похожи на дитя, которое со всех ног бежит к отцу, виснет у него на рукаве и упрашивает: «Я не знаю как, но ты должен это

---

[1] Лк. 10:27.

сделать!.. Каким угодно способом, но только сделай это, пожалуйста-пожалуйста!..» — вот с такой же простотой и дерзновением упрашивают Бога эти люди.

— Геронда, может ли желание молитвы родиться просто от сентиментальной потребности в общении, в утешении?

— Ну а что плохого, если желание молитвы родится от доброй, пусть даже сентиментальной потребности в Боге? Однако похоже, что ты частенько забываешься и прибегаешь к молитве, только когда у тебя что-то случается. Естественно, что Бог поэтому и попускает «случаться» разного рода сложностям и затруднениям. Он делает это для того, чтобы мы прибегали к Нему. Но разве не лучше ребёнку бежать к отцу или матери просто потому, что он их любит, а не потому, что у него что-то случилось? Ты можешь себе представить ребёнка, знающего, как безмерно любят его родители, но которого приходилось бы заставлять идти на руки к матери или отцу?

Бог — наш нежный и заботливый Отец, Он нас любит. Поэтому нужно трепетно желать, чтобы поскорее пришёл час молитвы, и никогда не насыщаться, разговаривая с Ним.

ГЛАВА ВТОРАЯ
О ТОМ, ЧТО МОЛИТЬСЯ НЕОБХОДИМО

Будем чувствовать молитву необходимостью

— Геронда, у меня нет большой веры и я чувствую себя слабой.

— А ты знаешь что сделай? Обними Бога и повисни на Нём! Видела, как ребёнок виснет на отцовской шее? Вот и ты так: обними Его и не отпускай, чтобы Он не мог тебя от Себя оторвать. Тогда ты будешь чувствовать уверенность и силу.

— Да, геронда, я и сама чувствую, что надо опереться на Бога, но это ведь так сложно…

— А ты тяни руки вверх, вытягивай их к Небу. Чем сильнее будешь тянуть, тем длиннее они у тебя вырастут. Не сразу, конечно… А там и за Бога ухватишься.

— Геронда, когда не хватает времени, я молюсь впопыхах. Как Вы считаете, может быть, я ворую время, которое должна посвятить Христу?

— Знаешь, у Христа всего много. Воруй не воруй у Него, Он ни в чём нуждаться не будет. А вот сама ты от такой поспешной молитвы пользы не получаешь — это точно. Подумай, это ведь не Христу нужна наша молитва, а нам самим необходима Его помощь. И молимся мы не потому, что это надо Христу, а потому, что, молясь, мы общаемся с Богом, Который нас сотворил. Если мы не будем молиться, то впадём в руки диавола, и горе нам тогда. Помнишь, у аввы Исаака Сирина: «Бог не спросит с нас, почему мы не молились, но почему не пребывали с Ним в общении и таким образом дали право диаволу мучить нас»[1].

— Геронда, как полюбить молитву?

— Надо почувствовать, что молитва необходима. Как телу, чтобы жить, нужна пища, так должна питаться и душа, чтобы не умереть. Если оставить душу без пищи, то она ослабеет, а потом наступит духовная смерть.

— Геронда, что мешает молитве?

— Молиться трудно только тогда, когда мы не ощущаем, что молитва необходима. Если человек не войдёт в смысл молитвы, опытно не ощутит, что она ему необходима, то он будет считать молитву рабской повинностью. Такой человек будет похож на неразумного младенца, который, отворачиваясь от материнской груди, отвергает всю сладость материнской нежности и заботы. Такой ребёнок растёт слабым и несчастным.

Молитва — это защищённость

— Геронда, а как почувствовать, что молитва необходима?

— Эх, вот если бы вы побывали на войне, мы бы друг друга поняли!.. На войне у нас были разные режимы радиосвязи с командным пунктом. Был режим постоянной связи, когда мы, радисты, не отходили от рации, постоянно находясь в эфире. О, тогда мы чувствовали себя уверенно, точно знали, что мы под защитой! Если мы выходи-

---

[1] «В оный день Бог осудит нас не за псалмы, не за оставление нами молитвы, но за то, что опущением сего даётся вход бесам». См.: *Исаак Сирин, прп.* Слова подвижнические. Слово 71. Свято-Троицкая Сергиева Лавра, 2008. С. 432. — *Прим. пер.*

ли на связь каждые два часа, то такой уверенности уже не чувствовали. А если связывались с командным пунктом всего два раза в день, утром и вечером, то чувствовали своё положение очень зыбким. С молитвой всё очень похоже. Чем больше человек молится, тем в большей духовной безопасности он себя чувствует. Молитва — это защищённость.

Находясь в непрерывном контакте, «в режиме постоянной связи» с Богом, мы сможем предупредить любое зло. Как-то раз в автобусе ехал один монах[2]. Он сидел и молился с закрытыми глазами, и все пассажиры думали, что он спит. Приближавшийся грузовик вдруг врезался в столб и вылетел на встречную полосу. Машины стали врезаться одна в другую — авария была страшная! А автобус неведомым образом оказался в стороне от дороги на безопасном расстоянии. Словно невидимая рука взяла его и перенесла на обочину!.. Никто из пассажиров не пострадал. Их спасла молитва монаха.

— Геронда, часто миряне спрашивают, как им приучить себя к молитве.

— Вот послушай. В прежние времена некоторые из тех, кто посвящал себя монашеству и имел твёрдый характер, уходили и подвизались среди неприступных скал, в пещерах, в языческих гробницах или в бесовских капищах. Там им угрожала целая куча опасностей: камни со скал срывались им на голову, бесы на них нападали и многие другие искушения их подстерегали... Страх вынуждал этих людей постоянно взывать: «Христе мой!.. Матерь Божия!..» Так через страх этим людям привился добрый навык непрестанной молитвы. А теперь представь наши дни, представь людей, которые садятся с утра за

---

[2] Впоследствии выяснилось, что этим монахом был сам преподобный Паисий. *(Далее примечания греческих издателей даются без указания.)*

руль, «весело» проведя предыдущую ночь на вечеринках и в клубах, с алкоголем, наркотиками и прочими «радостями» современного человека. Садясь после бессонной и безумно проведённой ночи за руль, такие люди не контролируют ни себя, ни автомобиль. И представь обычного христианина, который, зная о том, сколько на дороге таких «героев», тоже с утра заводит свой автомобиль и отправляется на работу. Может ли он быть уверен, что вернётся домой живым? Может ли твёрдо сказать, что окажется дома, — или его, искалеченного после аварии, увезут на скорой? И скажи теперь: разве этого не достаточно, чтобы постоянно взывать: «Христе мой!.. Владычица моя!..»? Если бы миряне извлекали духовную пользу из страха перед этими опасностями, то они и нас, монахов, превзошли бы в молитве… Да и тех опасностей, которые им угрожают, тоже бы избежали.

Помню, ко мне в каливу пришёл один человек. Он был почти в отчаянии: по невнимательности он сбил на дороге ребёнка, но, слава Богу, тот остался жив. Этот человек повторял: «Я преступник и заслуживаю наказания». — «А когда ты его сбил, ты молился?» — спросил я. «Нет», — ответил он. «Наказания ты заслуживаешь, — ответил я, — но не столько за то, что сбил ребёнка. Ты заслуживаешь большего наказания за то, что не молился». И я рассказал ему про одного своего знакомого. Он был государственный служащий, но достиг высокой меры добродетели. Он постоянно творил молитву Иисусову: и на работе, и в дороге, везде. Молитва у него стала самодвижная, из его глаз текли слёзы славословия и радости. Даже документы на его рабочем столе были мокрыми от слёз. Поэтому он хотел оставить работу, готов был на меньшую пенсию. И вот он приехал на Афон и пришёл ко мне в каливу, чтобы спросить, как ему жить дальше. «Работу не бросай, — сказал я ему. — А если коллеги станут допытываться, почему ты плачешь, отвечай: „Знаете, что-то вспомнил своего покойного отца"». Так вот, однажды этот человек тоже вёл машину, и неожиданно перед ним на дорогу выскочил ребёнок. Столкновения было не избежать: от удара ребёнок отлетел как мячик. Но потом оказалось, что он ничуть не пострадал. Это Бог сохранил от беды, потому что даже за рулём этот человек не переставал молиться.

Мобилизация на молитву

— Геронда, а война будет?

— А вы мо́литесь, чтобы её не было? Я вот с весны по осень объявляю самому себе мобилизацию на молитву. Правда, делаю это без шума, и кроме меня самого о моём призыве на действительную молитвенную службу не знает никто. Я молюсь, чтобы Бог нас помиловал, помог нам избежать войны и настоящей мобилизации, когда люди идут на фронт и проливают кровь. Я получил такое извещение[3]: «В воскресенье, 16 октября, турки собираются напасть на Грецию. Молитесь сильнее, чтобы их планы разрушились». Слава Богу, пока Пресвятая Богородица нас уберегла. Давайте же молиться, чтобы Она не переставала хранить нас и дальше.

— Геронда, а сейчас, когда конкретная опасность для Греции миновала, нужно ли продолжать молиться о том, чтобы не было войны?

— Да разве мало сейчас войн на земном шаре? Что значит «для Греции», «не для Греции»? Там, где сейчас идут войны, страдают и гибнут люди — наши братья. Разве все мы не братья по Адаму и Еве? Конечно, семья наша разделилась, и люди разошлись по разным местам Земли.

---

[3] Произнесено в ноябре 1983 года. Извещение было от Бога.

С православными мы, греки, — братья и по плоти и по духу, но с неправославными мы тоже братья — правда, только по плоти. И значит, за неправославных нам надо молиться с бо́льшим состраданием, потому что они более несчастны.

— Геронда, сейчас Греция переживает нелёгкие времена. Я, видя это, каждый день много молюсь по чёткам, чтобы нашей Родине помог Бог. Помолишься-помолишься, а потом думаешь: «Что же, спасение Греции на твоих чётках подвешено?»

— Не волнуйся, не подвешено спасение Греции на твоих чётках. Но раз ты постоянно думаешь о трудностях, которые переживает Греция, это значит, что тебе больно за Родину и ты просишь Бога вмешаться. А помочь может только Он.

Молитесь, чтобы Бог явил людей духовных, Маккавеев[4]. В таких мужественных людях сейчас великая нужда. Пришло время битвы добра со злом. Ведь беззаконие сегодня возвели в ранг закона, а грех ввели в моду. Однако, когда вы увидите в Греции умножившиеся беды, когда увидите, как правительство принимает безумные законы, когда всю страну будет трясти от нестабильности, не бойтесь — Бог вмешается и поможет[5].

— Судя по тому, что Вы говорите, геронда, нам нужно оставить все дела, а все силы свои отдать молитве…

— По-твоему, это ещё предмет для обсуждения?! Погляди: весь мир бурлит, как огромный котёл! Церковь, государство, племена и народы — всё перевернулось вверх дном! И к чему это приведёт, не знает никто. Да про-

---

[4] Прозвание *Маккаве́й* (от др.-евр. «молот») было дано Иуде, вождю иудейского восстания, которое произошло в 166 году до Р. Х. против Антиоха IV Епифана и его наследников. Маккавеи отличились в борьбе за отеческую веру и государственную независимость Израиля. (См. 1, 2 и 3 книги Маккавейские.)

[5] Сказано в 1981 году.

стрёт Бог Свою руку! А монахам надо сейчас очень много молиться. Дела и заботы, даже срочные, надо отложить и отдать молитве все свои силы.

Со смирением и насколько хватает сил, молитесь за людей в миру. Они дали лукавому большие права над собой и от этого страдают. Не забывайте, что мы стали монахами ради спасения своей души и для того, чтобы помогать миру молитвой. Давайте постараемся стать хорошими монахами. Будем молиться по чёткам, совершать земные поклоны за себя и за мир. Ведь чётками и поклонами монах помогает людям.

ГЛАВА ТРЕТЬЯ
О ТОМ, КАК МОЛИТЬСЯ, ЧТОБЫ БОГ НАС УСЛЫШАЛ

Страсти — радиопомехи, мешающие связи с Богом

— Геронда, если во мне живут страсти, то может ли моё сердце начать работать в молитве?
— Как же твоё сердце станет работать в молитве, если в тебе есть страсти? Попробуй возьми гнилой кабель и присоедини его к телефонному разъёму. Ты сможешь разобрать звуки в телефонной трубке? От постоянных коротких замыканий связь будет то и дело прерываться, из трубки услышишь только свист и треск. Так и человек: когда внутри у него «гниль», когда в нём живут страсти, то и в его духовной жизни происходят «короткие замыкания». Он духовно «замыкает себя на себя». Надо блюсти себя от гордости, эгоизма, своеволия, вседозволенности. Ведь если над человеком господствуют эти страсти, то его не может посетить благодать Божия, необходимая для молитвы. Нужно очистить свои внутренние «провода» от ржавчины, чтобы они хорошо проводили ток и можно было установить связь с Богом. Чем больше человек будет очищаться от страстей, тем больше будет преуспевать в молитве.

Страсти — это радиопомехи, мешающие нам установить связь с Богом. Если эти помехи не исчезнут, то как человек сможет разговаривать с Богом в молитве? Помню, на фронте радист, когда слышал помехи, отвечал тому, кто его вызывал: «Вас не слышу, слышимость „ноль" (или слышимость „единица"). Проверьте связь и повторите попытку!» Из-за помех слов было не разобрать. Слышимость должна быть хотя бы не ниже «трёх». Слышимость «пять» считалась очень хорошей — связь тогда была идеальной. Иначе радист кричал до хрипоты, а его не было слышно из-за плохой настройки. Сначала радист должен был настроить на одну частоту передатчик и приёмник своей рации, а уже потом на этой частоте выйти на связь с командным пунктом.

Чтобы «настроиться на одну частоту» с Богом, необходимы такие же действия. Передатчик своей духовной радиостанции надо настроить на частоту Любви, а приёмник — на частоту Смирения. Это необходимо, чтобы Бог слышал нас, а мы слышали Его. Ведь «Любовь — Смирение» и есть та самая «частота», на которой «работает» Бог. Человек должен приложить максимум усилий, чтобы «поймать» эту частоту и настроиться на неё. Тогда он установит связь с Богом, и в Боге будет постоянно пребывать его ум. Итак, желаю вам установить эту Божественную связь. Аминь.

«Мне» и «моё»
мешают установить связь с Богом

— Геронда, Вы сказали, что мне нужно зарядить мой аккумулятор духовным электричеством. Как его заряжать-то?

— Возделывай в себе духовное благородство, любочестие, чтобы из тебя исчезли «мне» и «моё». «Мне» и «моё» мешают молитве, потому что они отделяют человека от Бога, словно покрывают его слоем изоляции. Знаешь, что такое изоляционные материалы? Отделивший себя от

Бога человек молится, а Господь ему словно говорит: «Нет, сынок, я тебя не понимаю!..»

— Геронда, а может ли монах старательно исполнять своё правило, но при этом не иметь в себе жертвенности и любви к братьям?

— Ну конечно, может. Если монах думает только о себе, то он может читать молитвы, нести немалые подвиги, поститься, класть поклоны... Однако, совершая все эти подвиги, он лишь раздувает великое мнение о себе самом, а к другим остаётся равнодушным. Поступая так, монах всегда будет оставаться нищим. Даже в аскезе он занят лишь собой — делает то, что ему вздумается. А ему надо по-настоящему заняться собой — искоренением своих страстей, иначе он не преуспеет.

— Получается, геронда, что и на послушании, и с сёстрами, и во всём нужно быть безукоризненной?

— Конечно, во всём! Чтобы установить связь со Христом и не терять её, нужно, чтобы вся твоя жизнь радовала Христа. А Христос радуется, когда мы радуем нашего ближнего, угождаем ему — в хорошем смысле этого слова. Поэтому я и подчёркиваю значение духовного благородства, значение жертвенности. Ведь если монах исполняет правило и кладёт поклоны, а на жертвенность, благородство, любочестие и подобное этому не обращает внимания, то и поклоны его, и молитвы идут насмарку.

Когда я пришёл в монастырь[1], меня как новоначального поставили помогать трапезнику. Тогда один старенький монах восьмидесяти лет, совсем дряхлый, попросил, чтобы иногда я приносил ему в келью суп. И вот, заканчивая послушание, я наливал в тарелку суп и нёс ему. Как-то раз это увидел один брат и завёл мне свою шарманку: «Ты вот что, особо не приучай его к хорошему!..

---

[1] В монастырь Эсфигмен, в 1953 году.

А то приучишь, он станет просить одно, другое и совсем тебе никакого покоя не даст. Будешь возиться с этим стариком и даже правила исполнять не сможешь! У-у, ты ещё не знаешь, как он меня замучил своими просьбами! Я ему тоже как-то раз помог, когда он простудился, так он меня потом вообще в покое не оставлял! То и дело стучал мне в стену: „Окажи любовь, завари мне чайку́!" Потом: „Окажи любовь, помоги повернуться на другой бок!" Через несколько минут опять тук-тук и: „Окажи любовь, положи мне на поясницу горячий кирпич!.."[2] Налей чай — дай кирпич!.. Налей чай — дай кирпич!.. А у меня правило!.. Когда мне его совершать?! Этот старик меня до белого каления довёл!.."

Представляешь, что творится? Страшное дело! Старый человек за стенкой страдает, стонет, просит о помощи, а монах не хочет идти, чтобы не прерывать правила!.. Это признак совсем ледяного, бездушного состояния. Да какие тут могут быть сомнения: для Бога именно кирпич и чай имели бы гораздо большее значение, чем любое количество «безукоризненных» поклонов и чёток! Ведь стоя со своими чётками перед Христом, тот монах просил Его: «Господи Иисусе Христе, помилуй мя!» — но при этом огрызался на своего страдающего ближнего: «А ну оставь меня в покое!»

— Геронда, как человеку получить благословение Божие?

— Бог благословляет человека, если этот человек — Богу родной. Зачем Богу давать Своё благословение неродному? Чтобы тот бросил Его благословение на землю и растоптал ногами? Я пережил это на собственном опыте. Когда я жил на Синае[3], там была страшная засуха.

---

[2] Раньше вместо грелок использовали нагретые кирпичи.
[3] С октября 1962 по апрель 1964 года.

За несколько лет не упало ни капли дождя, так что и монастырю святой Екатерины, и бедуинам, которые жили рядом, приходилось очень тяжело. Монахи молились о даровании дождя, но безрезультатно. И вот наступила пора обреза́ть масличные деревья[4]. Я пришёл помогать. Бедуины обре́зали монастырские деревья, толстые ветки монахи оставили для монастыря, а тонкие сложили в сторонке. Бедуины просили отдать эти ветки им, чтобы варить на огне еду и согреваться по ночам — ведь на Синае бывает очень холодно. Но монахи не разрешили взять эти ветки, и бедуины ушли расстроенные. На следующий день бедуины снова пришли в монастырь с той же просьбой. Я связал все тонкие ветки в охапки и отдал им. Тогда один пожилой бедуин сказал мне: «Ты — человек хороший. Дождь будет». И действительно, не успел я вернуться в монастырь, как пошёл дождь. Это был сильный и долгий ливень. Так доброе слово бедуина отверзло небеса. Но тогда я об этом никому не сказал.

Бог не слышит молитву гордого

— Геронда, я тут на днях вела себя просто безобразно... Теперь меня не оставляет помысел, что моя молитва неугодна Богу.

— Если этот помысел происходит от подлинного смирения и ты признаёшь, что своим безобразным поведением ты гневишь Бога, то ты почувствуешь Божественное утешение. Если же вместо смирения ты лишь эгоистично огорчаешься и рвёшь на себе волосы, восклицая: «О!.. Я — и докатилась до такого?! Да как я только могла?!» — то никакого утешения не получишь, ведь *Бог го́рдым*

---

[4] В феврале 1963 года.

проти́вится[5]. Бог не слышит молитву гордого, потому что гордость — это стена между человеком и Богом. Чтобы молитва наша была услышана, она должна исходить из *се́рдца сокруше́нна и смире́нна*[6]. Стоит нам с глубоким смирением сказать: «Господи, да разве такого, как я, вообще можно услышать?..» — и нас тут же слышит Благий Бог.

— Геронда, а почему иногда, когда меня борет какое-нибудь искушение, я не могу молиться?

— Если борет искушение и ты не можешь молиться, это значит, что в тебе есть эгоизм и тщеславие. Искушение остаётся, пока человеку не станет отвратительно его собственное внутреннее «я». Как только внутреннее «я» становится человеку противно, Христос приходит на помощь и искушение проходит.

— Геронда, я прошу Бога, чтобы Он помог мне освободиться от дерзости в обращении с сёстрами, но результата не вижу.

— Когда человек подвизается и молится, а результата нет, то это значит, что либо в нём уже живут эгоизм и гордость, либо есть предрасположенность к гордости. Эгоизм и гордость препятствуют тому, чтобы в ответ на молитву пришла Божественная благодать. Благий Бог подаёт нам то, о чём мы просим в молитве, — если в нас есть смирение и осознание собственной греховности.

— Геронда, я с болью прошу Бога избавить меня от конкретной немощи, веду борьбу, пытаюсь её искоренить… Но из-за моей гордости Бог мне не помогает. Что мне делать?

— Перво-наперво попроси у Бога прощения. Скажи: «Боже мой, во мне живёт гордость, я сама мешаю приходу

---

[5] Иак. 4:6, 1 Петр. 5:5, см. Притч. 3:34.
[6] См. Пс. 50:19.

Твоей помощи. Но прошу: просвети меня, помоги мне понять, что именно нужно сделать, как мне преодолеть свою слабость». Как только ты признаешь, что в тебе есть гордость и именно поэтому страсть не оставляет тебя, так сразу Бог известит тебя, где причина, отправная точка твоей немощи и как бороться, чтобы её искоренить.

— Геронда, а какой настрой должен быть во время молитвы?

— Смиренный настрой. Тогда Бог будет тебе помогать. У смиренного человека нет собственной воли, он послушен воле Божией и хранит Его заповеди. Поэтому и Бог слышит его молитву и подаёт ему небесные благословения. Насколько сам человек слушает Бога, настолько и Благий Бог слушает его.

В молитве нужны
настойчивость и терпение

— Геронда, иногда я обращаюсь к Богу с какой-то конкретной просьбой. Но ничего не происходит, и я спрашиваю себя: «А слышит ли Бог мою молитву?»

— Это «слышит ли?» означает, что ты сомневаешься в любви Божией. А сомневаясь в Его любви, ты одной рукой подаёшь Ему прошение, а другой — тут же забираешь его назад. Что же, поступая так, ты теряешь право «на обслуживание вне очереди».

— Геронда, когда я прошу Бога о чём-то и не получаю этого сразу, нужно ли настойчиво продолжать просить?

— Да, нужно. Будь настойчивой. Ведь когда мы идём в какое-нибудь учреждение и обращаемся к чиновнику с просьбой, то иногда приходится проявлять настойчивость, чтобы добиться желаемого. «Прошу Вас, помогите, — говорим мы, — иначе я не уйду отсюда». Вот и в молитве требуется настойчивость: помнишь, с какой настойчивостью просила Христа хананеянка?[7] И евангельская вдовица, просившая неправедного судию, тоже была настойчивой[8].

— Однако, геронда, если время проходит, а моя просьба остаётся без ответа, то я расстраиваюсь.

— Прося чего-то в молитве, мы должны терпеливо ждать. Однажды у меня отёк и сильно разболелся глаз. Я трижды подходил к иконе Пресвятой Богородицы и просил Её меня исцелить, чтобы я мог по ночам читать Псалтирь. Я помазал больной глаз маслом от лампады перед иконой, но глаз продолжал болеть. Через несколько дней стало ещё хуже: глаз болел и распухал всё сильнее. Так прошло две недели. Тогда я, очень стесняясь, опять подошёл к иконе Пресвятой Богородицы и сказал: «Матерь Божия, прости меня, но я ещё раз Тебя побеспокою». Опять помазал глаз маслом из лампадки, и всё тут же прошло. Думаешь, Пресвятая Богородица не могла исцелить меня сразу, как только я попросил Её об этом в первый раз? Конечно, могла. Но, зная что-то, чего не знал я, Она оставила меня пострадать какое-то время. Так и ты проси со смирением и терпеливо жди. Молитва, которая совершается с верой, болью, настойчивостью и терпением, бывает услышана — конечно, если просимое будет нам во благо.

---

[7] См. Мф. 15:21-28, Мк. 7:25-30.
[8] См. Лк. 18:2-8.

ГЛАВА ЧЕТВЁРТАЯ
О ТОМ, КАК ГОТОВИТЬСЯ К ОБЩЕНИЮ С БОГОМ

Смиренная исповедь Христу

— Геронда, какая подготовка необходима перед молитвой?

— Похожая на подготовку к Божественному Причащению. Ведь Причащение Святых Христовых Таин — это Божественное приобщение, тогда как молитва — это Божественное общение. Причащаясь, мы принимаем в себя Христа, и к нам приходит Божественная благодать. А в молитве мы непрестанно общаемся со Христом и тоже принимаем Божественную благодать — другим способом. Разве общаться со Христом и принимать Божественную благодать — это мало? В Причастии мы приобщаемся Тела и Крови Христовых, а в молитве общаемся с Богом. Перед тем, как причаститься, необходимо исповедоваться духовнику. Так и перед началом молитвы, иными словами — перед началом общения с Богом, необходима смиренная исповедь Христу. Перед тем как начать молиться, человек должен смиренно признаться: «Господи, дела мои совсем плохи... У меня сплошные грехи и страсти... Я не достоин даже того, чтобы Ты обратил на меня Свой взор, но всё же прошу Тебя: помоги мне». От такой смиренной исповеди Христу к человеку приходит Божественная благодать, и он начинает общаться с Богом.

Если человек не будет каяться и смиренно исповедовать свои грехи Богу, то он так и останется неустроенным. А его неустроенность станет стеной, препятствующей ему общаться с Богом. Дверь останется закрытой, и душа не найдёт покоя. Но если человек скажет: «Согреших, Боже мой», то стена разрушится, или, лучше сказать, Бог Сам откроет дверь, и человек примет благодать общения с Ним.

— Геронда, я читала в «Лествице», что, вставая на молитву, нужно быть облачённым в одежды, в которые одевается человек, когда собирается предстать перед царём[1]. Что это за одежды?

— Уничижение себя пред Богом и смиренная просьба простить прегрешения — вот эти одежды. Говори: «Боже мой, я неблагодарная, я так провинилась перед Тобой, я Тебя огорчила… Прости меня!» Но произноси эти слова не формально, а с внутренним сокрушением. Поняла теперь, в какую одежду подобает облекаться, когда беседуешь с Богом? Если нет этой одежды — сокрушения, то, вставая на молитву, ты как будто говоришь Богу: «Привет, как дела? Что новенького на белом свете?» Ведь даже у человека, перед которым мы виноваты, надо просить прощения! Насколько же важнее просить прощения у Бога за наши ежедневные прегрешения!

— Значит, геронда, нужно вспоминать о тех согрешениях, которые я совершаю ежедневно?

— Сначала попроси у Бога прощения за те конкретные прегрешения, в которые ты впадала днём. А затем размышляй о том, насколько ты вообще греховна. Поступая так, ты смиряешься и после этого начинаешь просить Бога о том, что тебе необходимо. Вставая на молитву, я предваряю её словами евангельского мытаря: *Боже,*

---

[1] См.: Иоанн Лествичник, прп. Лествица. Слово 28, п. 3.

ми́лостив бу́ди мне гре́шнику[2]. Я шёпотом повторяю эти слова несколько раз, а потом творю молитву Иисусову.

Как-то я попросил Бога, чтобы Он научил меня молиться. И мне было видение: молящийся юноша, лет семнадцати. О, он привёл меня в совершенное сокрушение!.. Как же он плакал, как молился!.. Я был изумлён и потрясён. Он начинал молитву с исповедания: «Какой же я неблагодарный, какой неисправимый… — а потом продолжал: — Боже мой! Я такой грешник!.. Как я смогу исправиться, если Ты мне не поможешь?!» — и начинал просить Бога о том, что ему было нужно.

— Геронда, часто во время молитвы мой ум отвлекается на конкретные прегрешения, и я не могу сосредоточиться.

— Мы же договорились: испытывать себя и исповедовать свои прегрешения надо до начала молитвы, а не во время неё. Вспоминать во время молитвы, на чём и как конкретно ты поскользнулась, это уже не исследование себя, а болтовня с тангалашкой. Это перед молитвой нужно поразмыслить о том, что в нас не так, определить цель, навести на неё орудия своего ума и скомандовать себе: «Огонь!»

«Прежде примирись»

— Геронда, а если я согрешу не специально, а по невнимательности, и сама этого не замечу? Ведь в этом случае я не смогу догадаться, что огорчила сестру и надо просить у неё прощения. Не прервётся ли в этом случае моя молитвенная связь с Богом?

— Чтобы не терять связь с Богом и обрести покой, следи за собой. Пребывай в состоянии постоянной бо-

---

[2] Лк. 18:13.

евой готовности. Это необходимо, чтобы отслеживать свои ошибки, каяться и просить прощения. Если этого не делать, то… да, ты можешь почувствовать на молитве некую радость — но эта радость не будет духовной. Твоя душа не сможет взмахнуть духовными крыльями и взлететь в Небо. Взмывают в Небо лишь те, кто находится с Богом на связи.

— Иногда, геронда, перед молитвой я ощущаю в себе какое-то волнение, беспокойство…

— Если чувствуешь внутреннее беспокойство или сердечное ожесточение, знай, что ты огорчила кого-то из сестёр. Поэтому ты и чувствуешь за собой вину. Попроси у сестры прощения, и беспокойство уйдёт.

— Геронда, а разве нельзя прогнать это беспокойство молитвой? Просить прощения обязательно?

— Ну, если ты огорчила сестру, всё уладить одной лишь молитвой не получится. Надо пойти к сестре, поклониться и попросить прощения. Если не сделаешь одного поклона сестре, не помогут даже триста поклонов в келье. Не проявишь смирение перед человеком, которого ты огорчила, не признаешь перед ним свою вину — толку не будет. *Пре́жде смири́ся с бра́том твои́м*[3] — говорит Евангелие. Только потом *принеси́ дар твой*. Исключение — случай, когда ты раскаялась в прегрешении против сестры и решилась попросить у неё прощения, но не можешь её отыскать. Если ты твёрдо решила попросить у сестры прощения при первой возможности, твоя молитва принимается Богом.

— Геронда, бывает, что я поссорюсь с какой-нибудь сестрой, и потом, придя к себе в келью, успокаиваюсь, даже молиться могу. Но потом эта сестра попадается мне

---

[3] Мф. 5:24.

на пути, и сердце моё — ух! — так ожесточается против неё!.. Я даже специально стараюсь с ней не пересекаться.

— Я такого понять не могу. Ссоришься с сестрой, а потом как ни в чём не бывало идёшь в келью и «успокаиваешься»? Да как ты сможешь успокоиться, как будешь молиться, если сначала не положишь перед ней поклон и не попросишь прощения? Но допустим, после келейной молитвы ты действительно ощутила мир Божий. Тогда твоё сердце смягчилось бы. А если бы оно смягчилось, то ты бы старалась не избегать встреч с сестрой, а сама бы шла ей навстречу, искала бы этого благословения Божия — возможности попросить у сестры прощения.

— А может, геронда, я просто считаю себя правой и поэтому могу молиться?

— Сама подумай, что это будет за молитва? Только если человек обвинит себя самого и скажет своему ближнему: «Прости и благослови», к нему придёт благодать Божия, и он сможет быть на связи с Богом.

Молитва — это «суд до Суда»

— Геронда, святой Иоанн Лествичник говорит, что молитва — это «суд до Суда»[4].

— Так оно и есть. Когда человек молится правильно, тогда его молитва — «суд до Суда». Если духовно здоровый человек, начиная молиться, почувствует в сердце ожесточение, то он станет искать причину. Он задастся вопросом: «Почему же я так себя чувствую? Может быть, своим поведением я ранил брата? Или осуждал кого-то, или по невнимательности не отверг помысел осуждения?

---

[4] «Молитва истинно молящемуся есть суд, судилище и престол Судии прежде Страшного Суда». См.: *Иоанн Лествичник, прп.* Лествица. Слово 28, п. 1. Москва, 2002. С. 283. — *Прим. пер.*

Может, я поболтал с помыслом гордости? Или во мне живёт своеволие, и оно не даёт мне быть на связи с Богом?»

— А если, геронда, он так спрашивает себя, спрашивает, но всё равно ничего в себе не находит?..

— Быть такого не может. Что-то подобное с ним обязательно произошло! Если получше порыться в архивах, провести следственные действия над собой, то найдётся улика, и поймёшь, в чём твоя вина.

— Геронда, что Вы имеете в виду, говоря про «следственные действия»? Просто исповедовать Богу свои прегрешения недостаточно?

— Да что он там будет исповедовать, если и сам не знает, в чём провинился? Конечно, сначала нужны «следственные действия» над самим собой: допрос, осмотр места преступления, экспертиза… Ну а если уж он всё равно ничего не находит, то пусть сделает два-три земных поклона, встанет на колени и скажет: «Боже мой, в чём-то я наверняка согрешил. Просвети меня — в чём именно?» Как только он так скажет, смирение тут же рассеет туман искушения, и он увидит причину происходящего. Я хочу сказать, что, видя смирение человека, Бог посылает ему Свою благодать. А просвещённый благодатью человек ясно видит, в чём он согрешил, и получает возможность исправиться.

— Геронда, а что помогает удерживать постоянную связь с Богом?

— Очень помогает мир души. Когда душа в порядке, молитва движется сама. Поэтому непозволительно держать в себе зло на кого бы то ни было. Если же ты всё-таки приняла недобрый помысел против кого-то, то исповедай его матушке игуменье. Прогоняй и всякие другие недобрые помыслы, вытесняя их помыслами добрыми. Ведь благие помыслы расчищают дорогу молитве — и тогда молитва легко катится вперёд.

ЧАСТЬ ВТОРАЯ

БОРЬБА ЗА МОЛИТВУ

«Сердце человека, ощутившего великие благословения Божии, становится сильнее, разогревается и может достичь даже непрестанной молитвы».

ГЛАВА ПЕРВАЯ
О ТРУДНОСТЯХ В МОЛИТВЕ

Уныние[1] делает человека ни на что не годным

— Геронда, в чём разница между унынием и разленённостью?

— Уныние — это депрессия духовная, в то время как разленённость относится к душе и телу. Дай Бог, чтобы не было ни того, ни другого. Иногда недуги уныния и разленённости поражают людей, имеющих серьёзные предпосылки к духовной жизни, людей тонко устроенных и любочестных.

Человеку толстокожему лукавый не причиняет столько зла. Но если искушение сильно расстроило человека чувствительного, то потом он впадает в уныние. Чтобы найти в себе силы вновь запустить свой духовный мотор, он должен отыскать причину расстройства и духовно с ней разобраться. Смотри, такие раны нельзя оставлять

---

[1] *Уныние* (греч. ἀκηδία — досл. «не-старание») обычно в современном русском языке ассоциируется с печалью, подавленностью, скукой. Однако в аскетической святоотеческой литературе эта страсть отличается от страсти печали, и более точно её можно описывать как нерадение, отсутствие мужественности, малодушное оставление подвига, желание развлечения, духовное расслабление. Внешне уныние может выражаться не только в виде бездеятельности, но и в виде весьма упорной и активной внешней деятельности при том же внутреннем окаменении. «В молитве оно немощно, в телесном же служении крепко, как железо, в рукоделии безленостно» (Лествица. Слово 13, п. 2). — *Прим. пер.*

незалеченными! Иначе потом всю дорогу будешь спотыкаться и падать.

Надлом душевный через какое-то время приводит к надлому телесному и делает человека ни на что не годным. При этом медицина не может понять, в чём причина болезни. Да и как её найти? Эту причину под микроскопом не разглядишь, тут виноваты духовные микробы. Знаете, сколько пришло в негодность людей любочестных и тонко чувствующих!

— Геронда, я чувствую такое изнеможение, что совсем не могу выполнять своё келейное правило[2]. Это у меня от усталости или от нерадения?

— Помнишь: «От мно́гих мои́х грехо́в немощству́ет те́ло, немощству́ет и душа́ моя́»[3]? У тебя не телесная усталость, а душевный надлом. Но он опасней телесной усталости. Душевно надломленный человек «развинчивается», «разбалтывается», становится похож на автомобиль, у которого кузов в порядке, а двигатель развалился.

— Геронда, а раньше я так любила молиться, класть поклоны, читать духовные книги!.. А теперь?.. Не могу даже пальцем пошевелить.

— Что ж так? Неужели сил нет? Я вот вижу, что сил у тебя полно. Несколько лет назад, когда строился монастырь, ты ведь целыми днями работала на стройке!.. И помнишь, как много тогда ты молилась, сколько поклонов клала?

— Может, геронда, всё дело в том, что я всю себя отдала работе?

— Скорее в том, что разрешила себе быть расхлябанной. Давай-ка закаляй себя, полюби подвижничество! Я вот

---

[2] Под келейным правилом подразумевается молитва по чёткам, поклоны и душеполезное чтение.

[3] Стихира после молебного канона ко Пресвятой Богородице.

живу с половиной лёгкого — всё остальное вырезали[4]. Но знаешь, сколько делаю земных поклонов? Э, нет, не скажу, — военная тайна! Но по секрету тебе скажу вот что: каждый день я молюсь по чёткам с поясными поклонами, и когда устаёт правая рука, совершаю крестное знамение левой. Я не хвастаюсь, а говорю тебе это по любви. Знаешь, как подвизаются люди, которые в тысячу раз немощнее тебя? А ты?.. Да тебя с таким здоровьем в десантники с радостью бы приняли! Как же ты докатилась до такой расхлябанности? Я буду молиться за тебя, но и ты сама должна стараться! Понятно тебе? Отдавай всю себя духовному деланию, тогда будет отдача и на послушаниях.

— Геронда, иногда в келье меня подкашивает уныние.

— А в келье ты чем занимаешься? Молишься, читаешь святых отцов? Или бездельничаешь? Изо всех сил старайся, чтобы твоё время не проходило впустую. Не можешь молиться — читай святых отцов, их творения, которые полезны тебе именно в этом состоянии. А если опустишь руки, то диавол может воспользоваться твоим нехорошим состоянием и «свести тебя на нет».

Не будем перерубать провод

— Геронда, сколько же народу Вы принимаете!.. Вечером на Вас от усталости лица нет, но утром ни за что не догадаешься, насколько Вы были измотаны. Све́титесь просто! Как это у Вас получается?

— Ну как?.. Просто «провод не перерубаю», и всё[5].

— Иногда, геронда, из-за послушания я пропускаю повечерие в храме. Добреду до кельи, вся такая вымотанная,

---

[4] Преподобному старцу в ноябре 1966 года удалили верхнюю долю и часть нижней доли левого лёгкого, так как у него наблюдались бронхоэктазы. — *Прим. пер.*

[5] Преподобный имеет в виду, что он не прерывает общения с Богом, молитву.

и говорю: «Ой, прилягу... Ничего, буду лежать и по чёточкам молиться». Но все мои «лежебокие чётки» заканчиваются тем, что я засыпаю и остаюсь без молитвы.

— Нет, благословенная душа, как бы ты ни устала, ложиться спать без молитвы нельзя. Прочитай хотя бы Трисвятое и 50-й псалом, приложись к иконам Христа и Пресвятой Богородицы, перекрести подушку и только потом ложись. И не забудь завести будильник, чтобы подняться за час до начала полунощницы на келейное правило! К молитве надо себя понуждать. Но это понуждение должно исходить из сердца — сердце должно чувствовать, что без понуждения никак. *Доброхо́тна бо да́теля лю́бит Бог*[6].

— А когда, геронда, совсем нет ни сил, ни желания?

— Всё равно понуждай себя. Хоть по чуть-чуть, но делай какую-то духовную работу. Постарайся каждый день хоть немного времени уделить на духовные занятия: чуть-чуть почитай духовную книгу, чуть-чуть помолись. Ведь чтение святых отцов, молитва, церковное пение — это пища, которая необходима душе каждый день.

Нельзя допускать, чтобы наш день проходил совсем без молитвы. На войне было вот как: сидя по нескольку дней в окопах без всяких атак, мы время от времени постреливали в сторону противника — чтобы он не подумал, будто мы спим, и не пытался застать нас врасплох. Точно так же надо вести себя и в брани духовной. Если порой у нас заканчиваются силы и мы не можем полностью исполнять своё келейное правило, то не будем совсем «перерубать провод», постараемся оставаться с Богом на связи. Немножко поклонов, немножко молитвы по чёткам... Выпустим в сторону нашего духовного противника — тангалашки — хоть пару-тройку автомат-

---

[6] 2 Кор. 9:7.

ных очередей. Ведь если совсем не стрелять, он захватит нас в плен. А как только почувствуем, что немножко отсиделись, снова начнём воевать в полную силу.

Забрасывая своё келейное правило, не делая хотя бы немного поклонов, совсем не молясь по чёткам, монах ожесточается и дичает. Работать не духовно он может, например камни таскать или даже книжки писать. А молиться — не может. Я вижу, как некоторые монахи постоянно работают, при этом совсем оставляют душеполезное чтение и молитву. «Сделаю ещё и это, — говорят они, — а потом ещё и то». Они не могут остановиться, молиться совсем прекращают и в конце концов ожесточаются, дичают, становятся как мирские люди. Видели работяг в миру? Они могут с утра до вечера под палящим солнцем тесать камни, могут днями напролёт валить лес… Но попробуй затащи их в церковь! Они там и полчаса выстоять ни в силах — хоть тройную зарплату им пообещай. Выходят из храма и стоят, курят. Сам такое видел не раз.

Не молясь, человек удаляется от Бога и становится как вол: поработает, потом поест, потом поспит, опять поест, снова поработает… И чем дальше он отходит от Бога, тем сложнее ему вернуться. Сердце охладевает, и наступает момент, когда оно совсем не может молиться. Чтобы такой человек пришёл в себя, его сердце должно умягчиться, обратиться к покаянию, прийти в сокрушение.

Расположи себя начать

— Геронда, откуда во мне берётся это нерадение?
— Нерадение-то? Наверное, оно появляется оттого, что ты просто не рада духовной жизни! Ты не радуешься духовному, потому что не испытала ещё, насколько сладка духовная жизнь.

— Геронда, допустим, период нерадения заканчивается. Как правильно возвращаться к нормальной духовной жизни — сразу или постепенно? Можно ли восстанавливать своё правило понемногу: первый день — совсем немного молитвы Иисусовой, второй — чуть побольше, дальше — ещё чуть прибавить?..

— Сначала нужно захотеть положить начало. А потом немного понудить себя и претворить это желание в дело. Даже если человек истощён, то, немного понудив себя, он чувствует, как у него появляются силы и он может дальше духовно работать. Это малое понуждение себя имеет огромный вес в очах Божиих. Когда Бог видит наше доброе расположение, Он Сам вмешивается. А когда Он вмешивается, спасает нас именно оно — Божественное вмешательство.

— Геронда, а у меня иногда выдаётся свободное время, но ничем духовным заниматься не хочется.

— Бывает и такое. Называется — «пропал аппетит». Тут-то и надо немного понудить себя к духовному. Ведь когда человек захворал, у него обычно аппетит пропадает. Но больной через силу заставляет себя есть. С аппетитом, без аппетита — всё равно заставляет. Сперва что-нибудь лёгкое, потому что желудок слаб для сытной пищи, потом чуть покалорийней… Так аппетит постепенно возвращается. Ведь если совсем ничего не есть, то и на ноги никогда не встанешь. Так и ты — не запускай себя духовно! Если махнёшь на себя рукой и совсем не будешь питаться, ты себя разрушишь. Корми себя с ложечки лёгкой духовной пищей, пока постепенно не придёшь в себя. Чтобы начать, нужно постараться — совсем чуть-чуть.

— И правда, геронда, вот ведь в чём мои трудности — именно начать у меня не получается! Не могу заставить себя встать на правило.

— Да… Масло у тебя в моторе загустело. Но ты начни с малого: немножко поклонов, немножко святых отцов, немножко молитвы по чёткам. Так твоё сердце потихоньку разогреется. Говори себе: «Что ж, положу сегодня хотя бы пять земных поклонов». Сама увидишь: когда твой мотор заведётся и наберёт обороты, его уж и захочешь — не остановишь.

Будем давать душе ту пищу, которая ей по вкусу

— Геронда, а с чего начать, если у меня нет «аппетита» к духовной пище?

— С той духовной пищи, которая кажется тебе повкуснее, — так проснётся аппетит и к остальному. Накрой духовный стол, расставь разнообразные духовные блюда, сядь и погляди на них: что разбудит твой духовный аппетит? Хочешь почитать несколько страниц святых отцов? Немного помолиться по чёткам? Спеть молебный канон? Почитать Псалтирь или сделать несколько земных поклонов? Что, совсем ничего не хочется? А по лбу поварёшкой не хочешь?

— А с рукоделия, геронда, можно начать?

— Можно. Но не забывай при рукоделии творить молитву Иисусову.

— Геронда, а нет ли здесь другой опасности: делая то, что мне нравится, я следую своей воле?

— Сейчас объясню. В духовном делании нужно питать душу тем, что для неё вкусно и чего она требует. Так душа услаждается, питается и побуждается к большему духовному деланию. Ведь когда мы болеем и организм наш чего-то требует, то мы к нему прислушиваемся. В детстве, когда у меня было малокровие, я постоянно просил у родителей лимонов. А родители не знали, можно ли мне их есть в таком количестве, и не давали, ожидая совета врача.

И что же? Врач приехал, осмотрел меня и вдруг говорит: «Вы ребёнку лимонов побольше давайте!» Видишь как: моему организму не хватало витаминов, которые есть в лимоне, и он сам их требовал.

— Геронда, когда меня боролó нерадение, то, чтобы его победить, я составила распорядок духовной жизни и старалась ему следовать.

— Распорядок — дело хорошее. Но сначала должно заработать сердце. Потом можно составлять и распорядки.

— А может, геронда, Вы сами напишете мне распорядок духовной жизни?

— Отчего ж не написать? Вот, держи: «Занимайся таким духовным деланием, какое нравится тебе самой». Не надо с тревогой и чувством вины загонять себя в узкие рамки. Прислушайся к себе: какая конкретно пища необходима твоей душе? Вот и питай её этим. Петь захотелось — пой. Читать потянуло — садись читай. Почувствовала тягу к Иисусовой молитве — молись. Можешь и любым другим душеполезным делом заняться, главное — не загоняй себя в угол. Надеюсь, ты поняла, что я имею в виду. Но всё то, о чём мы сейчас говорим, в первую очередь относится к началу духовного пути, пока твоя душа не ощутила сладость духовной жизни. Потом ты встанешь на духовные рельсы, и они сами будут направлять тебя к станции назначения. Так что не переживай. Благодатью Божией, твой внутренний двигатель заведётся и духовный локомотив помчится вперёд.

Молитва должна рождаться от любочестия

— Геронда, Вы так устаёте... Откуда у Вас ещё и на молитву силы есть?

— А я в молитве не растрачиваю сил, наоборот — их набираюсь. Я даже вот что понял: по-настоящему человек набирается сил только молясь. Когда молитва идёт от сердца, она прогоняет и усталость, и сон, и голод. Душа разогревается, и ни спать, ни есть уже не хочется. Ты живёшь в вышеестественном состоянии и питаешься по-другому — тебя питает духовное.

— Геронда, а во мне вот нет любви к молитве.

— Сердце твоё пока ещё не разогрелось. Ты молишься не потому что хочется, а потому что «так нужно». Отправная точка для твоих действий — дисциплина, поэтому всё и получается сухо. Вот скажи, с чего ты обычно начинаешь молитву?

— Ну как с чего, геронда?.. С мысли, что надо помолиться о себе, надо помолиться о людях...

— Удивительный ты всё-таки человек!.. Всё делаешь, потому что «так надо». Молиться — «надо», поклоны класть — «надо», Священное Писание читать — тоже «надо»... Всеми этими «надо» ты загоняешь себя в угол. Конечно, неплохо, что ты дисциплинированный человек. Но начинать-то надо не с этого, а с простого смиренного помысла, с боли. Должно заработать сердце, оно должно почувствовать боль. Тогда и не нужно будет на себя давить. Будешь чувствовать радость, трепет и восторг.

— Геронда, а на меня во время молитвы словно что-то давит... Душа не летит к Небу.

— А радостно тебе бывает на молитве? Я спрашиваю, потому что мне кажется, что ты себя загоняешь в угол. Ты приступаешь к духовной работе по любочестию, но потом понемногу примешивается эгоизм — а ты этого не замечаешь! Ты начинаешь подсчёты: «Сегодня я сделаю столько-то поклонов, столько-то чёток, завтра — уже столько-то, послезавтра — ещё больше...» И в первую очередь движет тобой не любовь ко Христу или к человеку, которому необходима твоя молитвенная помощь. Нет, ты хочешь осознавать, что сделала много, торопишься попасть в святцы. Ты не говоришь в смирении: «Что ж, раз Господь сказал: *Святи бу́дите*[7], то я тоже буду трудиться по мере сил». Тобой движет сухой расчёт: «Мне обязательно надо стать святой».

— Геронда, как бы мне потуже закрутить себе гайки, чтобы лучше молиться?

— Какое вообще отношение имеет молитва к закручиванию гаек?.. Почему бы твоей молитве не родиться просто от любочестия?

— Но как этого достичь, геронда?

— Надо размышлять о благодеяниях Божиих, размышлять и о Нём Самом, нашем Благодетеле. Прочувствовав свою неблагодарность и греховность, надо взыскать Его милости. Сердце человека, ощутившего великие благословения Божии, становится сильнее, разогревается и может достичь даже непрестанной молитвы.

Нельзя отвлекать от молитвы ни других, ни себя

— Геронда, бывает, я в келье молюсь, а сама думаю: «Вдруг сейчас какая-нибудь сестра ка-а-ак войдёт!..» Такие мысли меня отвлекают от молитвы.

— Пусть лучше мне дадут обухом по голове, чем внезапно ворвутся в мою келью и застанут меня на молитве! Когда тебя вдруг застают на молитве, это всё равно что ты летишь, а тебя хватают за крылья и их обламывают! Вы не понимаете, что такое беспокоить человека во время молитвы — потому что сами ещё не переживали духовных молитвенных состояний. Вы не знаете из опыта, что значит находиться на связи с Богом — я говорю о таком состоянии, когда человек, если можно так выразиться, отрывается от земли. Знали бы — уважали бы чужую

---

[7] 1 Петр. 1:16, Лев. 11:44.

молитву. Будь у вас эта духовная чуткость, вы бы подумали: «Как можно прерывать человека, когда он молится?» Понимая, какой огромный вред вы наносите человеку, отрывая его от молитвы, вы были бы осторожнее. Говоря об осторожности, я имею в виду не тревогу и зажатость, а уважение к сестре, которая в данный момент общается с Богом. Но духовной чуткости у вас нет... Что же, будьте, по крайней мере, воспитанными. Возьмите за правило стучать в чужую дверь и громко говорить: «Молитвами святых отец наших!..»[8] — чтобы человек не волновался, что вы к нему ворвётесь, и не находился бы в постоянном напряжении. Одно дело — бодрствовать духовно, и другое — всё время быть в нервном напряжении и дёргаться: а не ворвётся ли кто-то ко мне в келью? Последнее очень утомляет, надламывает.

— А может, геронда, сестра не стучится в дверь без злого умысла, по простоте?

— Хороша простота!.. Стукнуть разок в дверь и, не услышав в ответ «аминь», врываться в чужую келью!.. Я ума не приложу — как вообще можно так себя вести? Да может, именно сейчас за этой дверью сестра плачет, молится Богу и не хочет, чтобы её кто-нибудь видел? Когда я прихожу в соседнюю келью на Афоне и слышу, что братья читают вечерню, то могу целый час, стоя на холоде, молиться по чёткам и ждать, пока они закончат. Я делаю так, потому что не хочу их беспокоить, смущать, не хочу, чтобы ради меня они стремились закончить службу побыстрее. Услышав, что из церкви доносятся песнопения, разве я открою дверь и войду как ни в чём не бывало, словно у меня есть на это право? А кто мне это право дал?

---

[8] Перед тем как войти в чужую келью, в монастырях принято постучать, произнести: «Молитвами святых отец наших, Господи Иисусе Христе Боже наш, помилуй нас», и дождаться ответа «Аминь». — *Прим. пер.*

Нет, братья-то, может, и рады бы дать мне такое право, но я сам такого эгоистичного права не хочу за собой признавать. Это же эгоизм — считать, будто я что-то важное из себя представляю, и не уважать ближних.

Мы должны быть духовно чуткими. Однажды на Синае я спускался из кельи святых Галактиона и Епистимии в монастырь. Вдруг я увидел впереди двух детишек-бедуинов: мальчика и девочку. Дети стояли прямо на тропе. Они держали в руках чётки[9] и молились. Другой дороги не было, и я осторожно, чтобы их не потревожить, повернулся и отошёл немного назад. Я подождал, пока они завершат молитву, и только потом пошёл дальше.

— Геронда, как только я начинаю молиться, мне на ум приходят разные дела, которые я не закончила на послушании.

— Я тоже, если чего-то не доделаю, спокойно молиться не могу. Поэтому, если хочешь не отвлекаться при молитве, сначала заверши то, с чем можно справиться быстро. А потом начинай молиться и говори своему помыслу: «Ну вот, я всё доделала. Теперь недоделанной осталась только моя душа. Пришло время заняться ею».

— Геронда, а я думаю, что случись в моей жизни что-то тяжёлое, это помогало бы мне в молитве.

— Что же ты такое несёшь? Война, что ли, должна начаться, чтобы ты взыскала Христа? Когда вокруг всё тихо-мирно, это лучшая предпосылка, чтобы и внутри было тихо и безмолвно. Молитва требует нерассеянности на внешнее и правильного внутреннего устроения. И вообще в духовной жизни очень помогает нерассеянность.

---

[9] Преподобный Паисий использует здесь слово «κομπολόγια», которым обычно обозначаются не вязаные чётки, а похожие на бусы — такими пользуются и мусульмане, и католики. — *Прим. пер.*

Пересылайте сон тем, кто не может уснуть

— Геронда, почему во время молитвы меня клонит в сон?

— Да потому что спишь на ходу! Позволила себе быть расхлябанной, и теперь тебе нужно постоянно себя подгонять. Но подумай: разве ты можешь спокойно уснуть, когда тебя что-то действительно тревожит? Или, например, кто-то оказал нам великое благодеяние — тут-то мы не поленимся и сможем всю ночь молиться об этом человеке. Если на это у нас хватает сил, то почему бы не задаться следующим вопросом: «Я готова лишить себя сна ради человека-благодетеля, так что же мне мешает пожертвовать своим сном в благодарность Богу, Который ради меня взошёл на Крест и претерпел распятие?»

— Геронда, а может сонливость происходить от телесной немощи?

— Может. Иногда причина сонливости в переутомлении, упавшем давлении или в чём-то подобном. Нужно причину отыскать и по возможности устранить.

— Геронда, бывает, человек с болью о чём-то молится, а его всё равно борет сон. Как такое может быть?

— Если сердце о чём-то действительно болит, то сон не берёт. Однако надо и самому прилагать усилия. Например, если в сон клонит на келейной молитве, то сходи, умойся холодной водой и взбодрись.

— А меня на всенощных бдениях сон прямо ломает всю. Что делать?

— Тоже его ломай. Во время богослужения в храме человек умиротворяется душевно, но тело его устаёт. Вот его и начинает клонить в сон. Но если ты не поддаёшься сну, ты его переламываешь, и он отступает. Через час-другой сон опять начинает тебя ломать. Этот сон ещё привязчивее, и отогнать его труднее, но если поднапрячься, то и его сламываешь. Тебя не затащило в сонный поезд

№ 1, без тебя ушёл и сонный поезд № 2 — вот и всё: сонное искушение от тебя отступило.

— Геронда, во время всенощной меня и два часа подряд может одолевать дрёма…

— Есть идея: отправляй сон туда, где он нужнее, — в больницы, в психиатрические клиники. Молись: «Боже мой, даруй сон людям, которые не могут уснуть!.. Пусть спокойно поспят те, кому больно, те, чьи нервы натянуты как струны». Хватай сон, который тебя борет, лепи из него таблетки и молитвенной почтой отправляй их тем несчастным, которые страдают и не могут уснуть. А сама день и ночь славословь Бога.

ГЛАВА ВТОРАЯ
О ТОМ, ЧТО ДИАВОЛ ВЕДЁТ БРАНЬ ПРОТИВ ЧЕЛОВЕКА, КОТОРЫЙ МОЛИТСЯ

Не заводи бесед с диаволом

— Геронда, я чувствую, что мне необходимо «выйти на связь» с Богом, но молиться всё равно не могу.

— Если ты действительно чувствуешь необходимость связаться с Богом, то не понимаю, почему ты не можешь молиться. Возможно, это искушение от лукавого. Он то и дело ставит человеку подножки и не даёт ему молиться.

— Геронда, во время молитвы мне приходят мысли о разных монастырских делах.

— А ты говори себе: «Об этом я подумаю позже...» — и продолжай молиться.

— Геронда, обиднее всего, что обычно это мысли о такой ерунде!..

— Именно поэтому и нужно оставлять их на потом. Ведь если ты отвлечёшься и, прерывая молитву, начнёшь крутить в уме мысли об этой ерунде, то враг станет подбрасывать тебе уже не ерунду, а кое-что посерьёзней — чтобы совсем остановить твою молитву. Нужно ставить себя на место. Знаешь, насколько изобретателен тангалашка? Людям мирским он приводит на ум разную грязь, но грязь-то эта заметна сразу. И поэтому людям духовным он приводит на ум не грязь, а какую-нибудь шелуху, и они доверчиво впускают её вовнутрь. Но это опаснее, чем грязь! Ведь люди думают, будто они преуспевают, грязных помыслов в себе не видят и поводов для смирения не находят. При этом ум пребывает не в молитве, а крутится где попало, и сердце остаётся каменным.

— Знаете, геронда, иногда во время молитвы мне приходят такие «светлые мысли»!.. Я прямо ясно вижу, как решить какой-нибудь запутанный вопрос. Только вот потом оказывается, что это решение было ошибочным…

— Диавол знаешь какой хитрый?.. Он понимает, что если во время молитвы привести тебе на ум грязный помысел, то ты его отшвырнёшь в сторону. Поэтому вместо грязи он «помогает» тебе «решать проблемы». Ты не нарадуешься: «О, какая прекрасная мысль! И ведь пришла она не когда-нибудь, а во время молитвы!.. Настоящее Божественное просвещение!» Но если бы бес и правда хотел тебе добра, он приводил бы эти мысли тебе на ум в любое другое время. А он ведь этого не делает! Он появляется именно во время молитвы и, забалтывая тебя ерундой, навязывает свои посреднические «услуги». Поэтому не обращай на его назойливость никакого внимания. Говори: «Большое спасибо, сеньор, за предложенный комплекс услуг, но обойдёмся и без вас. Сгинь отсюда!» Видишь, какой хитрый: духовного человека хочет обвести вокруг пальца, внушая ему якобы духовные мысли, чтобы, по слову пророка Давида, *молитва его была в грех*[1].

— Геронда, во время молитвы мне на ум приходят скверные помыслы или образы.

— Это дело бесовское. Он хочет смутить тебя, сбить с толку. Ему удобно подловить тебя на этом, когда ты

---

[1] Пс. 108:7.

физически вымотана, особенно когда страдаешь от недосыпания. Тангалашка ждёт удобного момента и, когда ты находишься между сном и бодрствованием, показывает тебе разные грязные картинки, а потом первый же и кричит: «Полюбуйтесь, какая у этой бесстыдницы грязь на уме!» Желая ввергнуть тебя в отчаяние, он выдаёт свою грязь за твою собственную. Так что просто не обращай на него внимания. Молись: «Господи, помилуй», а чтобы сосредоточиться на молитве, думай о Христе, о Пресвятой Богородице, о святых ангелах. Это будет твой ответный манёвр на бесовские козни.

Диавол мешает человеку молиться

— Геронда, бывает, я запланирую совершить в келье всенощное бдение, но обстоятельства складываются так, что я не могу этого сделать. В чём причина?

— Ну, если препятствие от Бога, значит, Он попустил его ради твоего блага.

— А если одно препятствие следует за другим?

— Значит, не обошлось без гордыньки.

— Не понимаю, геронда. Что значит «не обошлось без гордыньки»?

— Смотри: задача в том, чтобы правильно расставить приоритеты. Если на первое место ставишь дела, а на второе — молитву, то ты сама наделяешь врага правом чинить тебе препятствия. Да и в том, чтобы ценить дела выше молитвы, разве нет гордости? А гордость — дело такое: один из её признаков — отсутствие благоговения.

— Геронда, а какие конкретно препятствия молитве чинит лукавый?

— О, чего он только не делает!.. Ведь у него в арсенале тысяча и один способ! Начнёт человек молиться — он тут как тут. То отвлекает парением ума и мечтаниями, то шумом каким-нибудь, то ещё что-нибудь придумает… Знала бы ты, сколько я от него натерпелся, когда жил в монастыре Стомион![2] Как-то поздно вечером я пришёл в храм помолиться. Монастырские ворота были закрыты, я вошёл в храм и закрыл за собой дверь на защёлку. Около полуночи тангалашка начал дребезжать защёлкой: «дзынь-дзынь». Он дзынькал не переставая — хотел заставить меня прервать молитву и пойти посмотреть, в чём дело. Я, не желая отвлекаться на этот шум, ушёл в алтарь. Пришлось простоять возле Распятия за престолом до самого утра.

Крест Христов имеет великую силу. Когда я стал послушником, тангалашки сильно на меня ополчились. По ночам они то и дело стучали мне в дверь и кричали: «Молитвами! Святых! Отец!» Я открывал дверь, и, хотя никого не видел, меня охватывал сильный страх, он словно выталкивал меня из кельи, я не мог в ней находиться. Мне было очень плохо. И плакал, и молился, но ничего не помогало — приходилось оставлять келью и спускаться в монастырский двор. И вот однажды после повечерия меня увидел во дворе один старый монах, член Духовного собора. Он спросил: «Сынок, что же ты к себе в келью не идёшь? Разве не видишь, что во дворе нет никого из братии, кроме тебя? Все отцы сейчас молятся по кельям». Я расплакался и всё ему рассказал. Он внимательно выслушал, поднялся к себе, принёс кусочек воска с частицей Честного Древа Креста Господня и сказал: «Возьми, сынок. Иди в свою келью и ничего не бойся». Я поднялся в келью и едва успел закрыть за собой дверь, как услышал громкий стук и обычный вопль: «Молитвами! Святых! Отец!» Я ответил: «Аминь». Дверь открылась, и в келью вошёл… полицейский — при полном параде,

---

[2] С 1958 по 1962 год.

только вместо погонов у него были косые нашивки на рукаве, как на старой полицейской форме. Вошёл и заорал: «Ах ты грязный, гадкий послушник, тебя ещё в рясофор не постригли, а ты уже начал всякие щепки собирать?!» Кричал, кричал, потом вдруг начинал хохотать — помню, такой ещё у него был смех жуткий… Однако кричать-то он кричал, а приблизиться ко мне не мог — ведь у меня в руках была частица Честного и Животворящего Древа. А как только я воскликнул: «Господи Иисусе Христе!» — бес-«полицейский» исчез.

ГЛАВА ТРЕТЬЯ
О ТОМ, КАК СОГРЕВАЕТСЯ СЕРДЦЕ В МОЛИТВЕ

Святые иконы помогают молиться

— Геронда, в чём мне найти утешение, когда я расстроена?

— Прибегай к молитве. Даже если просто с благоговением прислониться лбом к святой иконе, почувствуешь утешение. Сделай свою келью похожей на маленький храм, развесь по стенам иконы, которые ты особо почитаешь, и сама увидишь, как много ты найдёшь в этом утешения.

— Геронда, иногда во время молитвы у меня возникает желание приложиться к иконам, и я их целую. Можно ли так делать?

— Не только можно, но и нужно! Именно так и надо поклоняться иконам: мы должны лобызать их оттого, что из нашего сердца преизливается любовь ко Христу, к Пресвятой Богородице, ко святым. Эта любовь побуждает нас преклонять колена перед святыми образами и благоговейно их лобызать.

Однажды я стоял перед иконами Христа и Пресвятой Богородицы и молился. Это было 26 марта[1], в день, ко-

---

[1] В 1984 году.

гда Церковь празднует Собор архангела Гавриила. Вдруг я увидел, что Господь и Матерь Божия движутся как живые! «Христе мой, — стал умолять я, — благослови меня!.. Пресвятая моя Богородица, благослови меня!..» Я начал опускаться на колени, и в этот миг келью наполнило необыкновенное благоухание. Я чувствовал себя так, словно схожу с ума. Благоухать начал даже пыльный коврик, на котором я делаю поклоны, я стоял на коленях и целовал его. Это было неземное благоухание!

— Геронда, полезно ли во время молитвы представлять в уме образ Христа?

— Смотри: если ты молишься перед иконой, это тебе помогает. От иконы ты восходишь умом к изображённому на ней священному лицу[2]. Но ведь бывает, что ты молишься не перед иконой: или сидишь на скамеечке, согнувшись, или стоишь на коленях, а глаза твои закрыты. В подобных случаях нельзя представлять образы, пусть даже и самые священные. Это опасно, потому что твоим воображением может воспользоваться тангалашка. Он станет выдавать твои собственные фантазии за Божественные видения, чтобы ввергнуть тебя в прелесть и причинить тебе большой вред.

Особенно это касается молитвы Иисусовой. Лучше, чтобы она совершалась чистым умом, без помыслов и образов — даже если это образы Христа или картины из Священного Писания. Это особенно опасно для людей с сильным воображением и недугом гордыни. Представлять в уме события из Священного Писания можно лишь в исключительном случае: когда к нам приходят грязные помыслы или хула на Бога. Но всё равно самая полезная

---

[2] «Чествование образа переходит к первообразу». См.: *Свт. Василий Великий*. О Святом Духе. К святому Амфилохию, епископу Иконийскому. Глава 18. VII Вселенский Собор ссылается на эту формулу, ставшую святоотеческим свидетельством в защиту иконопочитания. — *Прим. пер.*

для нас картина — это осознание собственной греховности и неблагодарности.

Чётки — это пулемёт против диавола

— Геронда, почему для нас так важны чётки?

— Чётки — это вещь, которую мы получили в наследство. Это благословение от наших предшественников — святых отцов. Уже только по этой причине их ценность огромна. Ведь как в миру бывает: оставит дед в наследство внуку какую-нибудь вещь — для постороннего это сущая безделица, а для самого наследника — драгоценность и благословение. Представь, насколько большее значение для монахов должны иметь чётки, которые оставили им в наследство святые отцы!

Раньше, когда ещё не было часов, монахи отмеряли время молитвы по чёткам. В те времена узлы на чётках были самые простые. Один подвижник очень сильно постился, молился, делал много поклонов, а прохиндей-бес ему мешал: то и дело расплетал на его чётках узелки. Бедный монах делал и делал поклоны, пока не падал без сил — ведь посчитать количество поклонов и молитв он не мог. И вот монаху предстал ангел Господень и научил его плести чётки таким образом, чтобы каждый узелок состоял из девяти крестов. После этого бес, который трепещет перед Крестом, уже не мог расплести узелки. Так что вот — каждый узелок на чётках состоит из девяти крестов, и символизируют они девять чинов ангельских.

— Геронда, бывают чётки на тридцать три узелка, на пятьдесят, на сто, на триста... Все эти числа имеют какое-то духовное значение?

— Только число тридцать три имеет символический смысл. Оно символизирует те тридцать три года, которые Христос жил на земле. Остальные числа символического

значения не имеют: они просто помогают нам считать количество поклонов или молитв.

Есть такие моторы, для запуска которых используется верёвка с ручкой на конце. Когда хочешь завести мотор, берёшься за верёвку и несколько раз с силой её дёргаешь — пока не разогреется застывшее масло. Вот и чётки — это та же верёвка, за которую мы «дёргаем» — один, два, пять, десять раз… В какой-то момент «масло разогревается» и запускается духовный мотор непрестанной молитвы. После этого сердце работает в молитве уже самостоятельно. Но даже когда сердце «заведётся», заработает в молитве, всё равно не надо откладывать чётки в сторону — чтобы не подать дурного примера тем, чьё сердце ещё не «завелось», не начало работать в молитве Иисусовой.

— Геронда, а бывает, люди смотрят, а я стою с важным видом, чётки в руках перебираю, только вот молитву при этом творю лишь механически… Есть в этом опасность человекоугодия?

— Если ты перебираешь чётки напоказ, по человекоугодию, то никакой пользы тебе это не принесёт — хоть всю кожу с пальцев сдери. Останется одна усталость и ложное ощущение того, что ты якобы занимаешься умной молитвой.

— Геронда, а мне ещё так непривычно чётки в руках держать…

— А ты помни, что держишь их для того, чтобы не забывать о молитве Иисусовой, которую ты должна возделывать внутри — в своём сердце. Особенно когда выходишь из кельи, помни, что враг в любой момент готов на тебя напасть. Поэтому, выходя из кельи, веди себя как хороший солдат, который, вылезая из окопа, не выпускает из рук оружие. Чётки — очень сильное оружие, настоящий монашеский пулемёт. Узелки — патроны. Гремит бой, летят духовные пули, и тангалашки валятся под их градом как подкошенные.

Духовное чтение перед молитвой

— Геронда, когда предстоит молиться, моё сердце холодно, совсем не трепещет от радости. Я вижу, что время уходит, а сама сижу сложа руки, и меня начинают давить тоска и уныние.

— А ты перед тем, как молиться, читаешь какую-нибудь духовную книгу?

— Обычно нет.

— Почему? Разве мы с тобой не договаривались о том, что перед молитвой надо сесть и почитать что-то духовное, чтобы сердце почувствовало сладость? Ты сама лишаешь себя духовной пищи и поэтому не чувствуешь, насколько сладок её вкус. А ведь совсем немного — пусть даже две-три строчки — прочитанного из Священного Писания, или из «Эвергетина»[3], или из патерика перед молитвой согреют сердце, дадут ему почувствовать, насколько сладка духовная пища, и пробудят жажду к духовному. Житейские попечения отступят, и ум вознесётся в область божественного. Патерик перенесёт тебя в Фиваиду[4] и Нитрию[5], и ты почувствуешь, что святые

---

[3] «Эвергети́н» — сборник разных поучений и повествований святых отцов, составленный в XI в. монахом Павлом, основателем, ктитором и игуменом монастыря Панагии Эвергетиды (Богородицы Благодетельницы) в Константинополе, отчего и сборник получил своё название. На греческом впервые издан в 1783 г.; русский перевод: Евергетинос, или Благолюбие, в четырёх томах (в двух книгах). М.: Братство во имя Святой Троицы, 2011. — *Прим. пер.*

[4] *Фиваи́да* — область в Верхнем Египте со столицей городом Фивы. Здесь, в пустыне, с первых веков христианства стало развиваться монашество.

[5] *Нитри́я* — долина в Египте ближе к Ливийской пустыне со множеством озёр, содержащих соль и селитру. В первые века христианства была одним из крупнейших центров монашества.

отцы находятся рядом с тобой. Ещё легко читаются «Луг духовный», «История боголюбцев», «Лавсаик», «Достопамятные сказания». Но это уже твёрдая пища.

— Геронда, а я больше времени уделяю не молитве, а чтению святоотеческих книг.

— Читай поменьше. Уделяй больше времени ежедневному наблюдению за собой и молитве Иисусовой. Ведь иначе, только читая духовные книги, человек остаётся бесплодным. Он принесёт плод, когда начнёт трудиться и просить о Божественном вмешательстве, о благодати Божией. Чтение святоотеческих книг приносит пользу, когда за ним следует молитва. Поэтому читай ровно столько, сколько тебе духовно необходимо — чтобы почувствовать умиление и желание молиться.

Молебные каноны Пресвятой Богородице приносят душе огромную пользу

— Геронда, как полюбить Пресвятую Богородицу?

— Каждый день молись по «Феотока́рию»[6]. Знаешь, как этот сборник, посвящённый Пресвятой Богородице, поможет тебе Её полюбить? Сама потом увидишь, как Она это оценит… Такое утешение тебе пошлёт!..

— Геронда, мне тут матушка-игуменья говорит: «Проснуться тебе пора!» На что мне обратить внимание, чтобы снова возжечь в себе ревность к духовной жизни?

— Читай каждый день по одному канону из «Феотокария». Увидишь, какая ты у нас станешь молодец! Каждый день — один канон из этого прекрасного сборника, как монашеское правило. Нет возможности прочитать канон

---

[6] «*Феотока́рий*» — сборник из 62 богослужебных канонов ко Пресвятой Богородице, которые собрал святой Никодим Святогорец из рукописей Святой Горы и издал в 1796 году. В славянском переводе см.: Богородичник. Каноны Божией Матери на каждый день. М.: Православный Свято-Тихоновский гуманитарный университет, 2006. — *Прим. пер.*

полностью? Ничего: читай первый тропарь из каждой песни, а потом стихиры, которые находятся в конце каждого канона.

— Геронда, а можно я установлю себе какие-то часы для того, чтобы ежедневно в это время только молиться и ничем другим не заниматься?

— Ты можешь в течение этого времени творить молитву Иисусову и, прервавшись, спеть молебный канон Божией Матери или прочитать канон из «Феотокария».

— Геронда, когда лучше читать каноны из «Феотокария» — утром или вечером?

— Лучше в утренние часы — так прочитанное будет жить у тебя в памяти в течение всего дня. Но и днём, когда находишься на послушании, тоже можно ненадолго прерваться и прочитать канон из «Феотокария».

Молебные каноны из «Феотокария» приносят душе огромную пользу. Сердце молящегося согревается, приходит в умиление. Помню, отец Кирилл[7], игумен монастыря Кутлумуш, не мог не плакать, когда читал «Феотокарий». Всего одна мысль из «Феотокария» способна изменить душу.

Церковное пение услаждает и умиротворяет душу

— Геронда, я хоть и понимаю, насколько полезна молитва Иисусова, но творить её постоянно всё равно не могу.

— Когда тебе трудно творить молитву Иисусову, тихонько пой церковные песнопения. Это тоже молитва. Когда поёшь что-то из богослужения, это приносит в сердце нежность, услаждает его. А ещё церковные песнопения содержат в себе много «духовных калорий» и

---

[7] См.: *Старец Паисий Святогорец*. Отцы-святогорцы и святогорские истории. Свято-Троицкая Сергиева Лавра, 2001. С. 126–129. — *Прим. пер.*

питают душу. Так создаются добрые предпосылки к тому, чтобы у человека пробудился вкус к молитве Иисусовой и он творил её охотно. Немного духовного чтения (из «сильных» книг), молитва Иисусова, поклоны и церковное пение — вот, по-моему, настоящие вёсла для лодки духовной жизни.

— Геронда, я занимаюсь рукоделием в тихом месте, и меня никто не беспокоит. Только вот молитву Иисусову я всё равно не творю…

— А ты постарайся, насколько это возможно, молитву Иисусову и тихое церковное пение тоже сделать своим духовным рукодельем и занимайся теперь двумя рукодельями параллельно! Попробуй так: треть времени, которое отведено на рукоделье, одновременно с работой твори молитву Иисусову, а в другие две трети — работай и тихо напевай разные церковные песнопения, те, что особенно трогают твою душу. Так, творя молитву Иисусову и напевая что-то богослужебное, ты будешь хранить в себе Божественную благодать.

— Геронда, когда я расстроена, я могу так нагрубить сёстрам! А потом ещё больше расстраиваюсь, понимая, как плохо себя повела.

— А ты напевай что-нибудь церковное. Тебе это очень поможет. Тихонько пой какие-нибудь тропарики в келье, напевай во время послушания — только так, чтобы не мешать другим. Церковное пение умиротворяет душу. Даже диких зверей оно укрощает — уж тем более человека! Бывает, что лев, ну или там волк какой-нибудь, когда слышат церковные песнопения, становятся смирными как ягнята, садятся и тихо слушают. Да что ты, я не намекаю, что ты похожа на дикого зверя!.. Но тангалашка пользуется твоим расстроенным состоянием и подталкивает тебя грубить сёстрам. А если ты будешь потихонечку напевать что-то церковное, то почувствуешь в сердце сладость.

И тогда ты станешь смотреть на сестёр по-другому — с любовью.

— Геронда, бывает, меня просто душат помыслы, и я не могу ни читать, ни молиться.

— Ну а петь что-нибудь церковное можешь? Представь себе крестьянина, который стоит у края поля с несжатой пшеницей. Жара невозможная, колосья уже к земле склонились, а ещё и колючки всякие кругом растут. А крестьянин берёт и запевает любимую добрую песню, и давай жать! Песня помогает ему забыть о трудностях, и он заканчивает жатву в радости и приподнятом состоянии духа. Двойная прибыль: во-первых, он с хлебом, а во-вторых, сил у него ещё много осталось. На такого крестьянина похож верующий, который преодолевает тяжесть искушений пением чего-нибудь любимого из богослужения.

— Геронда, время от времени я чувствую в душе какую-то тяжесть. Это искушение такое?

— А ты знаешь что делай: когда чувствуешь в себе эту тяжесть, не обращай на неё внимания, но торжественно провозглашай: «Огорчися ад! Огорчися!»[8] — а потом напевай что-то церковное. Так искушение будет уходить. Преподобный Иоанн Лествичник говорит: «Псалмопение есть оружие монаха, которое прогоняет печаль»[9]. Я тоже тем, на кого находят искушения и скорби, советую петь разные церковные песнопения.

— Геронда, иногда меня навязчиво искушает один грязный помысел. Как его отгонять?

---

[8] См.: *Иоанн Златоуст, свт.* Слово на Святую Пасху. В Греции на пасхальном богослужении во время чтения Слова святителя Иоанна Златоуста молящиеся хором повторяют за священником окончания некоторых фраз из «Слова», например: «Огорчися ад…» Все: «Огорчися!» — *Прим. пер.*

[9] См.: Лествица. Слово 13, п. 15. — *Прим. пер.*

— А ты пропой «Достойно есть…» Увидишь, тангалашка тут же пустится наутёк! Ведь распевая что-то церковное, мы показываем бесу, как мы его презираем.

ГЛАВА ЧЕТВЁРТАЯ
«ПРИИДИ́ТЕ, ПОКЛОНИ́МСЯ...»

*От поклонов пользы больше,
чем от любых других духовных занятий*

— Геронда, у Вас, наверное, ноги болят?
— Нет, не болят. Я ведь делаю духовную зарядку!
— Что Вы имеете в виду, геронда?
— Поклоны делаю, благословенная душа! Ну а как человеку без зарядки: в миру — физкультура, у нас, монахов, — поклоны. В миру люди, занимаясь физкультурой, делают здоровым тело, а монахи с помощью поклонов делают и тело, и душу богатырскими. Бедолаги-миряне даже не догадываются, насколько полезны поклоны — причём не только для душевного здравия, но и для здоровья телесного. Ведь поклоны не дают развиться заболеваниям суставов, прогоняют дряблость, убирают отвисшие животы, приводят в порядок нервную систему и вообще делают человека молодцом. А кроме этого, они дают ему возможность взойти на духовную высоту добродетелей легко и без одышки — так же, как тренированный человек восходит на вершины гор.

Поклоны необходимы и молодым, и пожилым. И тому, кто страдает от плотской брани, и тому, кто от неё уже освободился. Но тот, кто крепче сбит, должен делать поклонов больше, чем немощный, — ведь на сильные машины возлагают более тяжёлые задачи. Особенно полезны поклоны молодым, они помогают им обуздать плоть. Поэтому я всегда советую юным: «Делайте как можно больше поклонов: и за себя, и за тех больных и пожилых людей, которым поклоны уже не под силу».

Поклоны — это молитва. Но одновременно это и аскетическое упражнение, от которого пользы больше, чем от любых других духовных занятий. Поклоны не только помогают нам запустить наш духовный мотор, который начинает вырабатывать молитву, они приносят и много другой пользы. Во-первых, делая поклоны, мы поклоняемся Самому Богу и смиренно просим Его милости — и это самое главное. Во-вторых, поклонами смиряется наша необузданная плоть. Наступает покой и плотское бесстрастие. Ну и в-третьих, телесное здоровье поклоны тоже приносят. Так человек делается здоровее и душой, и телом — то есть вдвойне богатырём.

Поклонами мы просим у Бога прощения и выражаем Ему нашу признательность

— Геронда, а мне поклоны тяжело делать. Ох, как же они мне не нравятся…

— А ты при поклонах думай о том, что предстоишь перед Самим Богом и поклоняешься Ему. Эта мысль поможет тебе их полюбить.

Поклоны за себя и за ближнего, за сочеловека, — это самое главное рукоделие из всех. Это рукоделие, над которым можно трудиться бесконечно — лишь бы у человека было любочестие и расположенность возделывать в себе покаяние. Поклоны потому и называются поклонами[1], что, делая их, мы смиряемся и просим прощения у Бога.

---

[1] В греческом языке слова «поклон» и «покаяние» омонимичны и обозначаются словом μετάνοια (досл. «изменение ума»). — *Прим. пер.*

Ведь провинившись перед человеком и раскаиваясь, мы делаем ему поклон и говорим: «Прости и благослови». Поэтому, когда мы начинаем делать поклоны, полезно со смирением и покаянием говорить: «Согреших, Господи, прости мя».

— Геронда, Бог помог мне уврачевать телесные и душевные страсти. Как мне теперь выразить Ему свою благодарность?

— А она правда в тебе есть — эта благодарность? Если она в тебе действительно есть, значит, она уже себя как-нибудь выразила. Ведь самое важное не то, каким способом ты выражаешь свою благодарность, а то, что она действительно живёт в твоём сердце. Если она там живёт, выражать её можно как угодно: подвигами, поклонами, другими способами… Вот, к примеру, у моей каливы на Афоне иногда собираются бездомные котята, и я их подкармливаю. А вечером, когда я открываю дверь и иду по двору, чтобы достать письма из почтового ящика у калитки, то эти котята не знают, как выразить свою благодарность. Чего только не вытворяют: одни подбегают и трутся о мои ноги, другие важно вышагивают передо мной, третьи карабкаются по стволу кипариса то вверх, то вниз… Кувыркаются, вертятся, снова лезут под ноги… Каждый котёнок выражает благодарность и радость по-своему. Что, разве это мне нужна благодарность котят? Да нет, конечно: не мне, а им самим. Благодарность, если можно так выразиться, сама радостно «выпрыгивает» из них — хоть они и бессловесные животные. Этим примером я хочу показать, что главное — это испытывать благодарность в сердце. Если она есть, то найдётся и способ, как её искренне выразить.

Когда человек живёт и движется в пространстве любви и благодарности, то и поклоны он делает не из-под палки, а по любочестию, оттого, что его переполняет радость, оттого, что он любит Христа. Тогда он не чувствует усталости, как не чувствуют её дети, встречая отца. У них так сильно преизливаются любовью сердца, что они начинают скакать и прыгать от радости.

Поясные и земные поклоны

— Геронда, молясь о ком-то по чёткам, надо на каждом узелке осенять себя крестным знамением и делать поясной поклон?

— А это зависит от того, сколько ты хочешь принести Богу. Приношение, в котором больше труда, имеет бо́льшую ценность.

— Геронда, когда мы молимся по чёткам с поясными поклонами, нужно рукой касаться земли?

— Не обязательно. При таких поклонах мы касаемся рукой колена, а потом выпрямляемся. Другое дело — поясные поклоны, которые мы делаем, когда прикладываемся к иконам или во время «Честнейшей» на утрене, в некоторых других случаях. Тогда лучше рукой касаться земли — если человек может это сделать физически.

— Геронда, когда я молюсь по чёткам с крестным знамением и поясными поклонами, это мешает мне сосредоточиться.

— А мне, наоборот, проще сосредоточиться, когда, молясь по чёткам, я осеняю себя крестным знамением и совершаю поясные поклоны. Я так забываюсь, что потом, когда заканчиваю молиться, у меня даже рука болит.

— Геронда, а земные поклоны? Как их правильно делать?

— По-честному. Кланяясь до земли и выпрямляясь после каждого поклона. Так ты и Богу «глубже» кланяешься, и тело меньше устаёт. Ещё обрати внимание вот на что:

не опирайся на открытую ладонь, так можно повредить сухожилия — опирайся на костяшки кулака. А чтобы на них не было мозолей, при поклонах клади перед собой мягкий коврик.

«Подвизающийся изобретает способы»

— Геронда, с возрастом силы мои уходят, и много поклонов я делать уже не могу.

— Это естественно. В пожилом возрасте с каждым прожитым годом сил становится меньше и меньше. Но всё равно продолжай любочестно подвизаться. Когда нет сил на много земных поклонов, заменяй их поклонами поясными или просто Иисусовой молитвой. Кстати, можно земные поклоны делать не все сразу, а разбивать их на части. Закончила чётку-сотницу? Сделай пять поклонов. Так после десяти чёток у тебя наберётся уже пятьдесят земных поклонов. Такой способ — не вместе, а по частям — и легче, и полезней. Если слабому предложить сделать пятьдесят земных поклонов сразу, то он взмолится и будет тебя убеждать, что ему это не по силам. Но если делать земные поклоны кусочками, по чуть-чуть, то можно легко справиться даже с их большим количеством.

— Геронда, у меня чего-то последние дни так сильно ноги и поясница разболелись…

— А ты делай хоть по чуть-чуть поклонов — увидишь, как поможет.

— Даже когда больно, геронда?

— Пробуй по чуть-чуть и сама поймёшь, что тебе полезно. Когда у меня болит спина, я не определяю для себя количества поклонов, но делаю и делаю их без счёта — пока «на светофоре» не загорится красный свет. Тогда я останавливаюсь и даю себе передышку. Потом опять продолжаю и в какой-то момент вижу: ага, опять загорелся «красный»... Помню как батюшка Тихон[2], когда стал совсем старым и не мог после земного поклона подниматься на ноги, закрепил на потолке своей кельи толстую верёвку, и после каждого земного поклона поднимался, держась за эту верёвку. Вот такой способ он придумал, чтобы не лишить себя земных поклонов. Батюшка Тихон продолжал с благоговением поклоняться Богу почти до самых последних дней своей земной жизни. Ведь «подвизающийся, — говорит авва Исаак, — изобретает способы»[3].

---

[2] См.: *Старец Паисий Святогорец*. Отцы-святогорцы и святогорские истории. С. 13–39. — *Прим. пер.*

[3] См.: *Исаак Сирин, прп.* Слова подвижнические. Слово 70. С. 429. — *Прим. пер.*

ЧАСТЬ ТРЕТЬЯ

ПРЕСВЯТАЯ БОГОРОДИЦА, АНГЕЛЫ И СВЯТЫЕ — ХОДАТАИ ПЕРЕД БОГОМ И НАШИ ПОКРОВИТЕЛИ

«Старайся, чтобы ум твой постоянно пребывал со Христом, с Божией Матерью, с ангелами и святыми на Небесах».

ГЛАВА ПЕРВАЯ
О ТОМ, ЧТО ПРЕСВЯТАЯ БОГОРОДИЦА — НАША НЕЖНАЯ И ЗАБОТЛИВАЯ МАТЬ

Благоговение перед Пресвятой Богородицей

— Геронда, расскажите нам что-нибудь о Пресвятой Богородице.

— Что я могу рассказать? Вы ставите меня в неловкое положение. Ведь чтобы говорить о Матери Божией, нужно жить Ею.

— Геронда, а имя Божией Матери имеет духовную силу, как и имя Христово?

— Да. Тот, кто испытывает перед Пресвятой Богородицей особое благоговение, слыша Её имя, внутренне изменяется. Если такой человек увидит имя Божией Матери написанным, например, на клочке бумаги, то он благоговейно целует эту бумажку, а сердце его при этом радостно трепещет. Он может совершить в честь Пресвятой Богородицы целое богослужение, на всём протяжении которого будет только лобызать Её святое имя[1]. Прикладываясь к Её святым иконам, он испытывает такое чувство, будто прикасается губами не к дереву и краскам, а к Ней Самой.

---

[1] Сам преподобный Паисий, испытывая особое благоговение перед Пресвятой Богородицей, иногда подолгу лобызал Её имя, написанное на бумаге.

От любви к Ней у человека подкашиваются ноги и он падает ниц.

— Геронда, Вы не расскажете нам о том, как ездили в паломничество на остров Ти́нос, чтобы поклониться там чудотворной иконе Пресвятой Богородицы[2]?

— Что сказать? Такая небольшая икона, а источает столь великую благодать! Я приложился к ней и очень долго не мог от неё отойти! Пришлось сдвинуться чуть в сторону, чтобы не мешать другим людям.

— Геронда, паломники оставляют на чудотворных иконах Пресвятой Богородицы много подвесок, монет, ювелирных украшений, но есть люди, которых это соблазняет.

— Расскажу вам историю про одного очень простого и благоговейного человека. Он приехал на Афон, чтобы поклониться Иверской иконе Божией Матери. А она вся увешана золотыми монетами. На обратном пути, по дороге из Ивирона в монастырь Ставроникита, его начали беспокоить помыслы: «Матерь Божия, — говорит, — я-то хотел увидеть Тебя другой: простой, без монет, без золота». И вот идёт он, мучается такими помыслами и вдруг чувствует такую сильную боль, что аж круги пошли перед глазами!.. Он даже сел прямо посреди дороги и дальше идти не мог. И вот стал он просить о помощи Богородицу: «Матерь Божия, — говорит, — помоги мне! Помоги, и я принесу Тебе в дар… две золотые монеты!» Тут ему явилась Сама Пресвятая Владычица и говорит: «Вот видишь?.. Так и появились золотые монеты на Моей иконе. Их принесли Мне в дар такие же люди, как ты, — по своему произволению. Думаешь, Мне эти монеты нужны?

---

[2] *Ти́носская икона* Матери Божией, называемая *Мегалоха́ри* (что значит «Великое Радование»), — это древний образ Благовещения размером примерно 25×35 см. В X веке икона была погребена под руинами храма и обретена в 1823 году. От иконы происходит множество чудес, а построенный для неё Благовещенский храм принимает более миллиона паломников в год. — *Прим. пер.*

Думаешь, Я об этом просила?» Боль у этого человека тут же прошла. Видите как: он имел доброе расположение, сильную веру, и поэтому Божия Матерь ему помогла.

Иногда у себя в каливе на Афоне я хочу помолиться Пресвятой Богородице и думаю: «Как же я пойду просить Её о чём-то с пустыми руками?» Тогда я набираю немного горных диких цветов, несу их к Её иконе и говорю: «Матерь Божия, это цветы из Твоего сада, прими их». До того, как стать монахом на Афоне, я слышал, что его называют садом Божией Матери, и думал, что там, как в обычном саду, разбиты разные цветники, клумбы, посажены фруктовые деревья… А когда я сюда приехал, то вместо клумб и цветников увидел лишь дикие каштаны да земляничные деревья[3]. Тогда я понял, что Афон — это сад духовный. А прошло время, и я ощутил присутствие там Самой Богородицы.

— Геронда, а как мне почувствовать присутствие Божией Матери, чтобы моё сердце согрелось?

— Коль уж ты носишь имя великой Матери Христа и по благодати матери всех людей[4], то призывай Её постоянно. Говори Ей так: «Владычица моя, Ты великодушно согласилась, чтобы я носила Твоё имя, так помоги же мне жить так, как угодно Тебе. Другие люди от одного звука Твоего имени приходят в умиление, а я ношу его сама и не ощущаю Твоего присутствия?» Молитвенно желаю, чтобы Пресвятая Богородица постоянно пребывала с тобой и, как Своего птенчика, закрывала тебя Своими ангельскими крылами.

---

[3] *Земляничное дерево* (лат. Arbutus) — вечнозелёные мелкие деревья или кустарники из семейства вересковых, с гладкой кораллово-красной или трещиноватой грубой бурой корой. — *Прим. пер.*

[4] В Греческой Церкви миряне и монахи могут носить имя в честь Пресвятой Богородицы, например, Мария, Панагия, Панагуда, и даже в честь Господа — Хри́стос. — *Прим. пер.*

«Ма́терь Твою́ приво́дят Ти в моли́тву лю́дие Твои́, Христе́»[5]

— Геронда, на какой из икон Божией Матери Она больше всего похожа на Себя внешне?

— На Иерусалимской. Я один раз удостоился видеть Пресвятую Богородицу у себя в каливе, в Панагуде... Если я тебе об этом расскажу, то сколько человек потом об этом узнают?

— Никто не узнает, геронда.

— Коль никто не узнает, то слушай... Мне было видение: будто собираюсь я в дальнее-предальнее путешествие. В дорогу надо собрать документы, деньги поменять, справки разные предоставить, а паспорт мой не готов... Вокруг — куча людей, но никто помочь мне не может. «Как тут быть? — думаю я. — Неужели не найдётся хоть кто-то, кому я буду небезразличен?» Я не на шутку испугался. И вдруг является Жена с лучезарным лицом, в златотканых одеждах. Как же Она была прекрасна! Она вся сияла! «Не волнуйся, — говорит, — Я тебе помогу. Знаешь, Кто Мой Сын? Царь». Сказала это и нежно коснулась моего плеча. Потом взяла мои бумаги и сокрыла их себе в одежды. О, какое же это было изящное и исполненное благородства движение! Потом Она сказала: «Вас ждут нелёгкие дни» — и дала Свои наставления, в том числе для меня лично[6]. Потом, когда прошло много времени, я увидел в одной книге Иерусалимскую икону Божией Матери и узнал Ту, Которая мне явилась.

— Геронда, один человек спросил нас: «Если наше спасение в руках Божиих, тогда почему, молясь Божией Матери, мы говорим: „Пресвятая Богородице, спаси нас"?»

---

[5] Октоих, глас первый. В неделю на Литургии, блаженны, богородичен.

[6] Преподобный Паисий рассказал это в 1984 году и никаких пояснений не дал.

— Вот представь, что у какой-нибудь женщины есть соседка. А сын у этой соседки — министр. И вот женщина просит соседку, чтобы она помогла найти работу её сыну. Соседка берётся помочь, но ведь не сама она будет искать работу для соседского юноши. Нет, она попросит об этом своего сына, который как министр действительно способен помочь. И он поможет, потому что его просит об этом мать. Так и мы просим Божию Матерь спасти нас, а Она, в свою очередь, просит об этом Своего Сына, Который силен нас спасти. И Он милосердно исполняет просьбу Матери, потому что очень Её любит.

— Геронда, мне легче молиться Пресвятой Богородице, чем Господу. Может, это признак неблагоговения?

— Знаешь, я чувствую то же самое. Я необыкновенно сильно почитаю Христа, а потому, обращаясь к Пресвятой Богородице, чувствую бо́льшую лёгкость. Так и дети — даже взрослые парни — с большей открытостью обращаются к матери, нежели к отцу, из-за того, что сильно его чтут.

Люди, имеющие истинное благоговение перед Христом, приходят перед Ним в трепет, тогда как к Божией Матери обращаются с бо́льшим дерзновением, потому что Она человек.

— Иногда, геронда, я, делая земные поклоны, наизусть пою канон Божией Матери или Акафист Ей. Может быть, с поклонами надо только молитву Иисусову творить?

— Нет, делай, как тебе по душе. Ведь Матерь Божия так или иначе передаёт Христу все наши просьбы. Но и Сама Она, по Своей заботе и нежной любви, наполняет наши души любовью и рачением[7] ко Христу. Я прошу Божию Матерь, чтобы Она взяла моё сердце и, очистив,

---

[7] *Раче́ние* (греч. ἔρως) — сильная, горячая любовь; наслаждение, утешение. — *Прим. пер.*

разделила бы на четыре части: три части отдала бы Пресвятой Троице, а одну оставила Себе.

— Геронда, когда я творю молитву Иисусову, то может пройти много времени, а я ни одной чётки не посвящу Пресвятой Богородице, потому что не могу оставить имени Христова.

— Боишься, что Божия Матерь на тебя обидится? Благословенная душа, разве мы не говорили о том, что наши молитвы ко Пресвятой Богородице и к любому из святых в конечном итоге обращены ко Христу? Делай, как подсказывает тебе Твоё сердце. А Божия Матерь и святые не обижаются.

— Геронда, как правильно совершать келейное всенощное бдение в честь Пресвятой Богородицы?

— Сначала поразмысли о Пресвятой Богородице. В этом могут помочь отрывки из молебного канона ко Пресвятой Богородице, из «Феотокария» или из Акафиста. Потом твори молитву по чёткам и всё, что «изволит настоятель» твоего сердца, сиречь что предпишет твой собственный «сердечный устав»[8].

— Геронда, Акафист Пресвятой Богородице — это славословие?

— Да, славословие. Можно читать его как благодарность Божией Матери после того, как Она исполнит какое-нибудь твоё прошение. Ведь не с одними лишь просьбами к Ней обращаться нужно, надо Её и благодарить. В Акафисте Пресвятой Богородице[9] — великая

---

[8] Выражение «аще изволит настоятель» взято из монастырских уставов и означает, что некоторые изменения в уставе оставляются на усмотрение настоятеля. Говоря так, преподобный Паисий имеет в виду «действуй по усмотрению сердца».

[9] Имеется в виду Великий Акафист, читаемый в субботу пятой седмицы Великого поста, послуживший прототипом для всех остальных акафистов. Греческий оригинал обладает удивительной поэтической красотой. — *Прим. пер.*

благодать. А автор так и остался неизвестным. Выучи Акафист Пресвятой Богородице наизусть и читай его не только когда положено по уставу, но и в продолжение дня.

«Всем предста́тельствуеши, Блага́я»

— Геронда, так я и не получила от Вас «сладостей» на мои именины. И сёстры так ждали, что им тоже от вас что-нибудь «вкусненькое»[10] перепадёт…

— Да, твоя правда… Я в этот раз не посылал «сладостей» — поэтому тебе, понятное дело, и нечем было сестёр угостить… Но своё благословение я тебе всё равно послал: только не как обычно, а по-другому.

Пройдёт немного дней, и когда мы на Святой Афонской Горе тоже будем отмечать праздник Успения нашей Матери[11], я ещё раз попрошу Её, чтобы Она одарила тебя Своей сладостной любовью и нежной заботой, а ещё даровала тебе много Божественных даров.

— Геронда, когда в моей духовной борьбе то и дело происходят падения, меня охватывает печаль.

— Пой «Всем предста́тельствуеши, Блага́я» и «Всех скорбя́щих ра́досте»[12]. Исполняй это как монашеское правило, и Матерь Божия тебе поможет. Ведь Пресвятая Богородица никогда нас не оставляет. Она несёт нас на Своих плечах, достаточно лишь, чтобы сами мы этого хотели и не брыкались, как непослушные дети.

---

[10] Имеется в виду письмо с поздравлениями, в котором обычно содержались и духовные наставления.

[11] Монастырь Суроти́ живёт по новому стилю, а Афон — по старому, поэтому в Суроти Успение и другие непереходящие церковные праздники встречают на 13 дней раньше, а Пасху и праздники пасхального цикла — одновременно. — *Прим. пер.*

[12] Стихиры, которые поются в конце молебного канона ко Пресвятой Богородице.

— Геронда, я бы хотела, чтобы Божия Матерь и меня держала в Своих объятьях, как Она держит Христа.

— А разве Она никогда не брала тебя на руки? Разве ты ни разу не чувствовала себя младенцем в Её объятиях? Я вот рядом с Ней себя ощущаю ребёнком. Я чувствую, что Она моя Мать. Часто я припадаю к Её иконе и говорю: «Матерь Божия, напои меня млеком благодати Твоея!» Я чувствую себя младенцем, который беззаботно лежит на руках у матери и сосёт её грудь, ощущая её великую любовь и невыразимую нежность. Так и я питаюсь благодатью.

— Геронда, почему Богородица иногда даёт мне просимое сразу, а иногда нет?

— Когда мы имеем острую нужду, Она сразу отвечает на нашу молитву, а когда нет — на какое-то время отлагает Свою помощь, чтобы в нас вырабатывались стойкость и мужество. Когда я жил в монастыре Филофей[13], однажды сразу после всенощной на праздник Успения Божией Матери один из членов Духовного собора послал меня с письмом в Иверский монастырь. Отдав письмо, я должен был на монастырской пристани встретить с корабля одного старца и проводить его обратно в Филофей — а идти там полтора часа пешком, причём в гору. Только что закончился Успенский пост, всю ночь мы были в храме на бдении. В тот год Успенский пост я разделил на две части: до Преображения ничего не ел, на само Преображение поел, а потом до Успения опять ничего не ел. Из монастыря я вышел сразу после всенощной, не отдохнув и не подумав взять с собой хотя бы немного сухарей. Пришёл я в Иверский монастырь, отдал письмо и отправился на пристань ждать корабль. Он должен был прийти около четырёх часов пополудни, но опаздывал.

---

[13] В 1955–1958 гг.

Я почувствовал себя нехорошо. В стороне лежала куча брёвен, и я решил: «Пойду-ка, посижу в сторонке, чтобы никто меня не видел и не начал расспрашивать, как я себя чувствую». Когда я сел на брёвна, мне пришёл помысел помолиться по чёткам Божией Матери, чтобы Она послала мне немного еды. Но я тут же воспротивился этому помыслу и подумал: «Окаянный, и по таким мелочам ты будешь беспокоить Пресвятую Богородицу?» И в это время увидел прямо перед собой некоего монаха. Он держал в руках круглый хлеб, две смоквы и большую гроздь винограда. «Возьми это во славу Госпожи Богородицы», — сказал он и… исчез! От умиления и благодарности у меня перехватило дыхание! Я начал плакать, даже есть мне уже не хотелось. О Господи! Вот какая у нас необыкновенная Матушка Богородица! Такая, что заботится даже о самых мелких из наших мелочей! Понимаешь, насколько сильно Она нас любит?!

— Геронда, расскажите нам, как Пресвятая Богородица помогает людям и защищает их.

— Расскажу вам случай, который произошёл в России. В одной из тамошних губерний рядом стояли два монастыря, а разделяла их железная дорога. И вот монахи из одного монастыря отправились на престольный праздник в соседнюю обитель, где допьяна напились вина. Когда пьяные они возвращались обратно, то, будучи не в силах передвигать ноги, улеглись прямо на рельсы и захрапели. И вот Матерь Божия является начальнику ближайшей станции и говорит ему: «Сейчас твой поезд Моих поросят передавит!» — «Что за чепуха, каких там ещё поросят?» — отмахнулся начальник станции. Тогда Божия Матерь является ему во второй раз и строго так повторяет: «Эй!.. Моих поросят сейчас передавит твой поезд!» — «Да что там за поросята такие? — забеспокоился начальник станции. — Стадо свиней, что ли, на полотно вышло?» Пошёл он проверять, и нá тебе: действительно пьяные монахи на рельсах спят! В последнюю минуту успел всё-таки их разбудить и согнать с рельсов, а иначе беда: проходящий поезд их бы и правда всех передавил. Видите, Пресвятая Богородица, как добрая Мать, защищает даже Своих непослушных детей и заботится о них.

Как можно крепче держитесь за платье нашей Великой Владычицы Богородицы, чтобы Она помогала вам. Молитвенно желаю, чтобы Пресвятая Богородица, нежная и заботливая Мать всего мира, защищала вас и весь мир. Аминь.

ГЛАВА ВТОРАЯ
ОБ АНГЕЛЕ-ХРАНИТЕЛЕ

Ангел-хранитель находится близ нас

— Геронда, у каждого человека есть ангел-хранитель?
— Да, в таинстве святого Крещения Бог каждому человеку даёт ангела-хранителя.
— А у некрещёных ангела-хранителя нет?
— Некрещёных защищает Бог, но ангела-хранителя у них нет, только у крещёных есть. Ангел-хранитель воспринимает человека при крещении и потом сопровождает его всю жизнь.
— Геронда, ангел-хранитель постоянно находится рядом с нами?
— Постоянно. Он следит за каждым нашим шагом.
— А насколько близко к нам он находится?
— Это зависит от нашего духовного состояния.
— Геронда, а когда мы согрешаем, он уходит?
— Когда мы грешим, он отходит от нас, но не совсем нас оставляет. Когда своей греховной жизнью мы даём диаволу права над собой, наш ангел-хранитель не отчаивается, но печально наблюдает за нами издалека.
— Геронда, но почему мы не ощущаем его присутствия?
— По той же самой причине, по какой не ощущаем и присутствия Божия. Наши глаза закрыты мутной завесой. А чтобы эта завеса исчезла, требуется любовь и смирение.

Когда человек чувствует присутствие Божие, то одновременно он чувствует и присутствие близ себя ангела-хранителя. При этом движения его становятся спокойными и мягкими, внимательными, но не зажатыми. Эти собранность и выверенность не доставляют ему страданий, наоборот — они приносят ему покой и радость. В его движениях видна духовная свобода. Благоговение и внимание услаждают его сердце, и человек постоянно следит за тем, чтобы не лишиться той сладости, которую ощущает. Он ложится на постель скромно, со скрещенными на груди руками. Спит тоже скромно, с благоговением, встаёт спокойно и тихо. Когда кто-то стучит к нему в дверь, он не суетится, чтобы привести себя в порядок, — он и так всегда в полном порядке. Короче говоря, такой человек постоянно думает о том, чтобы не огорчать своего ангела-хранителя.

Небесный ангел-хранитель, находясь рядом с земным ангелоподобным человеком, его очень хорошо понимает и радуется. Если человек живёт духовной жизнью и ведёт себя, как послушный ребёнок, то его ангел не страдает, а радуется, находясь рядом с ним. В конце концов, радостный, он возвратится к Богу вместе с человеческой душой, потому что душа творила то, что нравится ангелу, то, что нравится Богу. Но вы представьте себе, что́ такое для ангела-хранителя годами биться за спасение души какого-нибудь человека и в результате возвратиться к Богу с пустыми руками! Да только из-за одного этого, по любочестию, из уважения к труду, который берёт на себя ангел-хранитель, человек должен бороться, чтобы не оказаться в преисподней.

Ангел-хранитель нас защищает

— Геронда, ангел-хранитель помогает нам всегда?

— От нас самих зависит, какую помощь мы от него получим. Если мы постараемся хоть одной ногой встать на твёрдую почву, то рядом может поместиться и ангел-хранитель, который, в случае опасности, спасёт нас. Если мы будем делать то, что должны, то и ангел-хранитель сделает свою работу. Много произошло чудес благодаря ангелам. Бывало, что молодые люди в последний момент чудом удерживались от греха, и много чего ещё.

Знаете, какой силой обладает ангел? Он помогает человеку даже своим молчанием. Однажды я оказался в тупиковой ситуации. От переживаний у меня так разболелась голова, что казалось, будто стамеской мне бьют по черепу — ещё немного, и он расколется. Глаза в буквальном смысле слова вылезали из орбит, особенно правый. Боль, боль невыносимая! Я катался по полу и извивался от боли. Что мне делать, я не знал — только молился и просил Бога, чтобы Он указал хоть какой-нибудь выход. Вдруг вижу у правого плеча ангела-хранителя. Он был похож на двенадцатилетнего мальчика — с очень красивым круглым личиком и большущими глазами. О, какое же это было прекрасное лицо! Оно действительно излучало свет! Только от одного его присутствия боль и вся тяжесть ушли — ушли не от радости, а по действию Божественной благодати. Радость не прогоняет боль. Ты можешь испытывать боль и одновременно радоваться, а вот Божественная благодать — это совсем другое дело, великое дело! Описать Божественную благодать невозможно. «Если так, — повторял я, — то пусть даже не стамеской, а хоть кувалдой бьют по голове!» За такое состояние не жалко отдать и голову. А потом показался и выход из тупика — по человеческому рассуждению его найти было невозможно.

— Он говорил с вами, геронда?

— Нет, только смотрел на меня.

— Геронда, когда человек видит ангела, то он видит его образ. А на самом деле какова природа ангелов? Глаза человека видят перед собой что-то материальное?

— Что-то очень-очень тонкое...

Никогда не нужно забывать, что наш ангел-хранитель всегда невидимо находится рядом с нами. Он охраняет и защищает нас. Но и сами мы должны следить за своей жизнью и избегать греха.

ГЛАВА ТРЕТЬЯ
О ТОМ, ЧТО СВЯТЫЕ — ЭТО ЛЮБИМЫЕ ЧАДА БОЖИИ

«Почитать святого — это значит ему подражать»

— Геронда, я читала, что святые в день, когда Церковью совершается их память, раздают подарки тем, кто к ним молитвенно обращается. Это действительно так?

— Ну а как иначе? На свой праздник святые угощают людей духовными пирожными! Если мы услаждаем святых своей жизнью, то и они в свою очередь преподносят нам духовные сладости.

— Геронда, как мне полюбить конкретного святого?

— А кого из святых ты хочешь полюбить?

— Святых богоотец Иоакима и Анну.

— Давай вот как договоримся: ты молись за меня святым богоотцам, чтобы они мне помогли, а я буду молиться, чтобы ты их полюбила. И, если у тебя есть возможность, каждый день читай житие того святого, память которого совершается Церковью. Поступая так, ты духовно соединишься со всеми святыми.

Чтение жития святого, который празднуется сегодня, и вообще чтение житий приносит огромную пользу. Ведь от такого чтения согревается душа, оно побуждает человека подражать святым. Тогда человек перестаёт ныть о своей «судьбине бесконечно горькой» и мужественно идёт вперёд. Жития святых укрепляют мужество души, они могут даже возрастить готовность к мученичеству.

— Геронда, отчего святые, которые носят одинаковые имена, иногда претерпевают одинаковые мучения?

— Ты у нас какое имя носишь?

— Мария.

— А в честь какой святой Марии?

— В честь святой Марии Египетской, геронда.

— Твоё счастье, что святую Марию Египетскую пыткам не подвергали. А если серьёзно, то святая Мария несла высочайшие преподобнические подвиги, так что подражай ей, и тогда после твоей кончины у вас будут похожие жития. Благословенная душа, святые, о которых ты спрашиваешь, благоговели перед своими святыми тёзками, старались им подражать — вот и понесли одинаковые с ними подвиги.

— Геронда, как может человек подружиться со святым?

— Нужно породниться с ним. «Почитание святого — это подражание святому»[1], — говорит святой Василий Великий.

— Геронда, меня укоряет совесть, что я ношу имя великой святой, а в жизни ей не соответствую.

— А ты старайся подражать своей святой. Святая Синклитикия знала всё на свете, а теперь по всему свету помогает, упразднив расстояния. А ты? Вы с ней друзья или нет? Ты не забываешь просить её, чтобы она очистила твой ум, утончила его, и ты могла бы достигать глубины божественных смыслов? Видишь, сестра, какие дела: некоторые имена связаны с большей ответствен-

---

[1] «Ибо несомненно, что восхваляющий мужей превосходных не преминет и сам подражать им в сходных обстоятельствах». См.: *Святитель Василий Великий*. Творения. Т. 1. Беседа 19. На день святых четыредесяти мучеников. М.: Сибирская благозвонница, 2012. С. 1028. — *Прим. пер.*

стью. Во всяком случае, знай, что твоя святая тебя любит. Проси её, чтобы она тебе помогала, настаивай на этом в молитве.

Я вот в последнее время совсем что-то обленился… Живу только за счёт милостыни, которую подают мне святые, — сам только и делаю, что прошу их постоянно об этом, как попрошайка… Да и вообще — не только святых, а и всех людей прошу за меня молиться. И святые, по своей великой любви, подают мне милостыню — от своего небесного хлеба и райского мёда[2].

Благоухание честных мощей

— Геронда, знаете, честная глава святого Арсения Каппадокийского в день его памяти так сильно благоухала!..[3]

— Ну а почему бы ей не благоухать? Разве не может святой на свой праздник устроить духовное угощение для своих гостей?

— Геронда, но почему тогда святые мощи не благоухают постоянно?

— Тут одного правила на все случаи быть не может. Например, к мощам прикладывается великий грешник, и мощи начинают благоухать — для того, чтобы помочь ему обратиться к Богу и покаяться. Или наоборот: прикладывается к мощам человек добродетельный, а они не благоухают — чтобы не дать ему повода впасть в гордыню.

---

[2] Преподобный имеет в виду Божественную благодать, которая питает и услаждает человека.

[3] *Преподобный Арсений Каппадокийский* (†1924) — земляк и родственник преподобного Паисия. Святой Арсений, будучи иеромонахом, сам и крестил его, дав новорождённому своё имя. Любвеобильный пастырь, чудотворец и подвижник был причислен к лику святых Константинопольским патриархатом в 1986 году. Его честная глава хранится в монастыре Суроти в храме, ему посвящённом. Память преподобного Арсения Каппадокийского совершается 28 октября (10 ноября по н. ст.). — *Прим. пер.*

А когда-то могут и перед добродетельным человеком благоухать — как духовное угощение от святого. Каждый случай — особый.

— Геронда, а некоторые сомневаются в том, что мощи благоухают.

— Виноват рассудочный подход. Мощи святых имеют Божественную благодать. На Афоне даже не мощи, а просто одно место неподалёку от Панагуды благоухает — даже зимой. И на Катунаках, где я жил[4], рядом с кельей святого Василия, от одного места исходило благоухание. Там уже и кельи-то никакой нет, одни руины остались. Вероятно, рядом с этими руинами сокрыто очень много святых мощей! И кто знает, когда Бог явит эти мощи людям?

Будем обращаться ко святым с благоговением

— Геронда, если можно, я бы хотела, чтобы Вы мне объяснили одно место из Исаака.

— Какое ещё «место из Исаака»?! Из какого Исаака? Отца Исаака с Капсалы? «Из святого аввы Исаака» — вот как нужно говорить! Даже когда мы говорим об отце Исааке с Капсалы, то называем его «отец Исаак». А святых будем называть просто по имени? Это никуда не годится. Нельзя молиться, например, святому великомученику Георгию и говорить: «Послушай, Георгий, сделай мне то-то и то-то». Это признак наглости. Помню, я дал одному мирянину маленькую частицу честных мощей святого Арсения Каппадокийского, а он потом называл святого просто Арсений. Но должна же быть какая-то мера!

— Может быть, геронда, он называл так святого Арсения по простоте душевной?

---

[4] В 1967–1968 гг.

— Какая уж там простота!.. Даже к тому, кто просто старше нас по возрасту, нельзя так обращаться. Даже если бы преподобный Арсений был его родным отцом, всё равно нельзя так говорить. Нельзя было называть его просто по имени, даже если бы преподобный был старше его всего на пару лет, — ведь святой Арсений был священником. Уж тем более теперь, когда он святой! А он в разговорах не только со мной, но и с другими называл преподобного просто по имени. Элементарного уважения нет!

— Геронда, а всё-таки: не может ли быть такого, что человек обращается к святому без подобающих эпитетов не из-за наглости, а по чистой, подлинной простоте?

— Для того чтобы иметь право так обращаться к святым, надо достичь немалой духовной высоты, того святого дерзновения, которое происходит от великого благочестия и простоты. Действительно, есть такие простые души, которые, словно маленькие дети, могут с детской простотой и невинностью сказать Богу: «Боже мой, Ты должен мне это дать! Почему же Ты мне это не даёшь?» Помните, я писал в «Отцах-святогорцах» об одном монахе, обладавшем детской простотой? Когда пересох колодец в его келье, он снял со стены храма икону святителя Николая, привязал к ней верёвку за медное кольцо, спустил икону в колодец и с великой простотой сказал святому: «Святителю отче Николае! Хочешь, чтобы я зажигал лампаду перед твоей святой иконой? Тогда поднимись из колодца вместе с водой! Сам видишь, столько людей приходит к нам в келью, а у нас нет для них и глотка прохладной воды». Вода тут же стала потихоньку прибывать, и икона святителя Николая всплыла наверх. Он взял её, благоговейно приложился и отнёс в храм[5]. Но это особый

---

[5] См.: *Старец Паисий Святогорец*. Отцы-святогорцы и святогорские истории. С. 9–10. — *Прим. пер.*

случай. Тот, кто с дерзновением обращается к Богу и святым, хотя сам ещё не достиг соответствующего духовного состояния, проявляет не святое дерзновение, а глупую дерзость и гневит Бога.

— Геронда, накануне дней памяти святых, особенно мною почитаемых, я самостоятельно совершаю в келье всенощное бдение в их честь. Что мне поможет, как вы говорите, «жить этим святым»?

— Сначала прочитай его житие. Потом прочитай из Минеи все тропари канона святому, в них тоже обрисовывается его жизнь. Тропари — это в большей степени не молитвенные, а хвалебные песни в честь святого. Молитва тут — это припев «Святче Божий, моли Бога о нас»[6] перед каждым тропарём канона. Потом проси помощи святого в том, что необходимо конкретно тебе, клади поклоны, молись по чёткам — делай всё, что тебе по силам и по душе. Главное — чтобы ты молилась.

Когда душа живёт святыми, то с благоговением и верой просит у них помощи. Если в человеке есть благоговение перед святыми, к которым он обращается, то и благоговейная молитва появляется сама собой, естественным образом. Сначала знакомство, потом приходит дружба, а потом сладостное собеседование — уважительно и с простотой.

Помощь святых

— Геронда, что ощущает святой Арсений сейчас, когда у него есть свой храм?[7]

---

[6] В Греческой Церкви независимо от статуса святого (святитель, преподобный, мученик) перед тропарём канона на утрене поётся один и тот же припев. Например: «Святче Божий Василие, моли Бога о нас». — *Прим. пер.*

[7] Храм в честь святого Арсения Каппадокийского был построен с благословения преподобного Паисия в женском исихастирии в Суроти в 1974 году, а после

— Радость! Ведь сейчас у него есть овчарня, где он собрал своих овец и охраняет их.

— Геронда, а люди после того, как какой-нибудь святой канонизирован, получают от него больше помощи, чем раньше?

— Конечно. Когда Церковь канонизирует святого, он уже чувствует на себе обязанность нам помогать. Если можно так выразиться, он вынужден нам помогать больше, чем до своей канонизации. А кроме того, и Бог посылает его помогать людям.

— Геронда, может какой-нибудь святой попросить у Бога, чтобы люди почитали его память?

— Нет, святые к Богу с такими просьбами не обращаются. Они не говорят Богу: «Господи, пусть верующие почитают мою память, а Ты им будешь за это помогать», или: «Помогай только тем, кто почитает мою память». Святые говорят так: «Господи, эти люди почитают мою память, вознагради же их за это».

— Геронда, я чувствую больше почтения к евангелисту Иоанну Богослову, чем к святой, имя которой ношу.

— Не бойся, твоя святая не ревнует тебя к апостолу Иоанну за то, что ты любишь его больше. Конечно, ты должна его почитать как покровителя исихастирия, но даже если бы он не был вашим покровителем, твоя святая, как и любой другой святой, радуется, когда ты сильно привязана сердцем к какому-нибудь святому и получаешь от него помощь.

Святые — это святые, и у них нет человеческих страстей, человеческой мелочности. Человек получает помощь через того святого, который ему особенно близок. Кто-то просит помощи у великого святого и получает

канонизации старца Паисия в 2014 году состоялось великое освящение этого храма в честь двух преподобных отцов: Арсения и Паисия. — *Прим. пер.*

её, а кто-то просит у малоизвестного святого — и тоже получает помощь, потому что и в том и в другом случае действует одна сила Божия.

— Геронда, если человек чувствует особое благоговение перед каким-нибудь святым, что этому могло предшествовать?

— Если возникло особое благоговение перед каким-нибудь святым, значит, сердце человека тем или иным образом услышало голос этого святого. Любой из нас, получив помощь от святого, может иметь к нему особую любовь. Эта помощь может быть в важном деле или в мелочи. Я с детства ходил в церковку святой Варвары в Конице и поэтому особо почитаю эту святую великомученицу. Святая помогла мне в армии, когда меня взяли в радисты, хотя для этого требовалось образование; помогла мне и позже, в туберкулёзной больнице, после операции на лёгких. Тогда врачи сказали мне, что как только очистится лёгкое, они уберут дренажные трубки и аппарат[8]. Хотя обычно всё это отключают через пять дней, у меня прошло уже двадцать пять дней, но трубки не убирали, и я сильно страдал. В субботу 3 декабря я ожидал врачей, чтобы они освободили меня от этого мучения, но они не пришли. Утром в воскресенье, в день памяти святой Варвары, я сказал: «Если бы святая хотела помочь, она бы давно уже помогла. Врачи ушли, сегодня воскресенье, никто не придёт. Кто теперь вынет из меня эти трубки?» Пару слов я произнёс и с горечью: «Я столько раз зажигал лампады в церковке святой, столько поплавков для лампад, столько масла туда отнёс, много раз прибирался — а что же, сложно из меня две трубки вынуть?» Однако потом я подумал: «Наверное, я чем-то огорчил святую Варвару, поэтому она не позаботилась,

---

[8] Для отвода жидкости после хирургической операции.

чтобы из меня их вынули». Вдруг слышу шум. «Что происходит? — удивился я. — С кем-то что-то случилось?» — «Врачи идут», — сказали мне. Не знаю, какая муха укусила главврача, но рано утром он позвонил моим лечащим врачам и направил их: «Пойдите, выньте трубки из монаха». Заходят они и говорят: «У нас распоряжение снять дренаж». Видно, зацепили святую Варвару мои горькие слова. Иногда надо и пожалобиться, но лучше не ныть. Кто не ноет, тот ведёт себя благородно. Видишь как: один и тот же святой иногда сразу же даёт просимое, а иногда — далеко не сразу. А ещё так бывает: в одном случае он приходит на помощь молящемуся, потому что тот находится в добром духовном устроении, а в другом случае — потому что тот жалобится и плачет, как малое дитя.

— Геронда, а может какой-то святой отвернуться от меня из-за моего плохого духовного состояния?

— Нет, к нашему счастью, святые так себя не ведут. Если бы они так себя вели, то мы бы пропали. Если бы они нам не помогали, мы бы погибли. Подумайте сами: они-то сейчас на Небесах и радуются, а мы здесь, на земле и страдаем. Поэтому, когда мы чего-то просим, то не слышать наши просьбы с их стороны… если можно так сказать, нечестно.

— Если, геронда, мы молимся и просим помощи у ангелов и у всех святых, то они все вместе предстательствуют за нас пред Богом? Их молитвы соединяются вместе?

— И все вместе, и каждый по отдельности может помочь нам, если будет в этом необходимость — то есть если это нам пойдёт на пользу.

— Геронда, когда я получаю помощь от какого-нибудь святого, можно рассказывать об этом сёстрам?

— Нет, говори только игумении и ощущай большую признательность святому. Разве он не имеет права что-нибудь тебе подарить? Если бы вы знали, как святые всё вам обустраивают, от скольких бед и проблем они вас уже уберегли!

— Геронда, вам что-то открыто было про это? Почему вы так говорите?

— Я мог бы много чего вам порассказать, но и сказанного уже больше чем достаточно! Добавлю только то, что святые всем собором приступили, чтобы помочь нам, — и хотят, чтобы мы сошли с ума от радости и благодарности.

Святые упраздняют расстояния

— Геронда, как святой Георгий, игумен Синайский, с Синая попал в Иерусалим и там причастился?[9]

— Причастился и во мгновение ока вернулся обратно. Он был восхи́щен.

— Геронда, он одновременно был и в Иерусалиме, и в своей келье?

— Не было его в келье! За несколько секунд он побывал в Иерусалиме, причастился и с огромной скоростью вернулся обратно на Синай.

— Он туда летел, геронда?

— Да, заправился бензином марки «супер», взял себе духовный билет и слетал куда надо.

— Как может такое быть, геронда, что святой одновременно находится в двух местах?

— Вездесущ один только Бог. А святые не вездесущи — они перемещаются из одного места в другое, но с такой скоростью, что расстояния упраздняются. Для них нет

---

[9] *Преподобный Георгий Синаи́т* (†552) однажды на Пасху молитвенно выразил желание причаститься в Иерусалимском храме Воскресения Христова. Находясь в своей келье на Синае, он вдруг оказался на богослужении в храме Воскресения (на расстоянии 12 дней пешего пути) и причастился Святых Таин из рук Иерусалимского патриарха. Память преподобного Георгия совершается в среду Светлой седмицы (в Соборе Синайских святых) и 11 (24) марта. — *Прим. пер.*

«близко» и «далеко». Когда я лечился в туберкулёзном диспансере, со мной вместе лежал один бедняга, он много лет болел, Харлампий его звали. Он даже хотел жениться на одной медсестре, которая там работала, и обручился с ней. Тогда не существовало лекарства от туберкулёза, и ему грозила смерть. И вот мать Харлампия пошла со своим горем помолиться в монастырь святой Параскевы. Харлампий в то время лежал уже в реанимации, и к нему никого не пускали, даже невесту. Вдруг мать звонит невесте и говорит: «Не волнуйся! Святая Параскева мне сказала, что Харлампий поправится. И добавила: „А теперь пора в Ламию́ — там в другом туберкулёзном диспансере тоже человек при смерти"»[10]. Тут же Харлампию стало лучше. Медсестра позвонила в Ламию, и там ей сказали, что один больной, который только что находился в критическом состоянии, чудесным образом стал поправляться. Представляете, с какой скоростью передвигалась святая Параскева! Если бы с такой скоростью мчался автомобиль, он бы рассыпался на кусочки. А святая Параскева сэкономила и на бензине, и на покрышках!

Неизвестные святые помогают «втайне»

— Геронда, а неизвестные нам святые помогают нам? Ведь мы же их не призываем в молитвах?

— Многие неизвестные святые помогают нам, хотя мы даже не догадываемся об их существовании. Для меня это самые великие святые. Им совсем не воздаётся слава от людей — только от Бога. Помысел говорит мне, что по своему великому смирению они усердно просили Бога остаться в неизвестности, не иметь почестей от людей,

---

[10] Расстояние от Салоник, где лечился преподобный Паисий, до города Ламия примерно 270 км. — *Прим. пер.*

но продолжать помогать им *втáйне*[11]. Таких неизвестных святых мы должны особенно почитать, особо благодарить, потому что они, сумев остаться неведомыми миру, в молчании помогают нам своими молитвами и своим безмолвным примером.

Как-то я хотел написать об одном уже почившем афонском отце. Вспомнил все обстоятельства его жизни, которые мне были известны, выбрал свободный вечер и сел, чтобы записать. Зажёг свечу, взял карандаш и тетрадь, но вдруг понял, что ничего не помню, даже его имени, хотя все эти дни много о нём думал. Стал вспоминать по порядку все афонские монастыри, скиты, каливы, в которых я побывал. Перебирал, начиная с восточной стороны, — может, что-нибудь вспомню. Ничего. Потом с западной — опять ничего. Стал вспоминать по годам, с того времени как приехал на Афон, перебирая в памяти отцов, с которыми встречался, — но так ничего и не мог вспомнить. Похоже, что монах этот захотел остаться безвестным, и Бог сотворил Своё чудо. Помню только, что жизнь его на меня произвела большее впечатление, чем жизнь всех остальных святогорских отцов, о которых я написал[12]. Отсюда я понял ещё и то, что если Бог не захочет, то человек ничего не сможет сделать. И, наоборот, Богу достаточно нежно овеять человека Своим дыханием — и тот станет мудрецом.

Святые-«служители» и святые-«защитники»

— Геронда, у меня болит зуб.
— Ну дай уж ему немножко поболеть, чтобы получить немножко пользы! Потерпи, помолись святому Ан-

---

[11] Мф. 6:4.
[12] См.: *Старец Паисий Святогорец*. Отцы-святогорцы и святогорские истории. — *Прим. пер.*

типе¹³ — одну чётку протяни. Он помогает при зубной боли, и всё у тебя пройдёт.

— Геронда, я молилась святому Антипе, но зуб как болел, так и болит!

— Похоже, есть причина, что святой тебе не помогает. Если ты ему пообещаешь: «С этого дня я буду во всём более внимательна», то святой тут же поможет. Святой Антипа — великий святой, он угодил Богу. *Антипа свидетель Мой верный*¹⁴, — говорится в Апокалипсисе.

— Геронда, в службе и каноне святой Варваре говорится, что она останавливает мор.

— Что такое мор?

— Это такие эпидемии, болезни, геронда, которые передаются микробами.

— Ах, микробами… Ну, тогда просите святую Варвару, чтобы исцелила вас от микроба зависти и вы избежали этой эпидемии. Размножь канон святой Варваре и раздай его сёстрам.

— А ещё, геронда, я читала, что святая Варвара — покровительница артиллерии!

— Чему тут удивляться, у святого может быть много послушаний, и он везде будет успевать.

— Геронда, а святая Ирина — покровительница полиции?

— Да, поэтому, когда не имеешь в сердце мира, проси святую Ирину¹⁵, которая командует всей полицией и утверждает повсюду мир, — пусть принесёт мир и тебе в душу.

— Геронда, я часто теряю вещи, а потом трачу много времени, чтобы их найти.

---

¹³ *Священномученик Антипа, епископ Пергамский* (†ок. 68), принял мученическую кончину в раскалённом на огне медном быке. День памяти 11 (24) апреля. — *Прим. пер.*

¹⁴ Откр. 2:13.

¹⁵ Имя *Ирина* в переводе с греческого означает «мир». День памяти вмц. Ирины 5 (18) мая. — *Прим. пер.*

— А помолиться святому Ми́не¹⁶ забыла? Ведь растеряхи вроде тебя — это его «специализация». Святой Мина в два счёта находит потерянное и при этом ничего не требует в награду. Когда я жил в общежительном монастыре¹⁷, как-то раз потерял ключ от кельи — тогда мы запирали кельи, потому что через монастырь проходило много незнакомых людей. «Ничего страшного, — подумал я, — пойду в столярку». Глядь, и от столярки нет ключа. Собрался идти в мастерскую, где делал сёдла, но и от неё не было ключа. «И куда теперь идти?» — думаю. Пошёл и поставил свечку святому Мине, и тут же нашёл все ключи там, где и подумать не мог. Одна свечка — и порядок! Ведь и единой свечке святые радуются и спешат на помощь.

Я раньше не знал, что бывают иконы, где святой Мина изображается верхом на коне. Моя мать, которой однажды явился святой Мина и дал ответ на один её вопрос, сказала мне, что его изображают как всадника. Я стал спорить и стоял на своём, говоря, что только святого Димитрия и святого Георгия пишут верхом на коне. «Нет, — говорила она, — тот, кого я видела, был верхом на гнедом коне. „Кто ты? — спросила я. — У святого Георгия белый конь, у святого Димитрия рыжий. А ты кто?" — „Я святой Мина", — сказал он».

— Геронда, а может быть такое, что святой Спиридон¹⁸ сам попросил Бога, чтобы его мощи оставались нетленными?

---

¹⁶ *Великомученик Ми́на Египетский* (†ок. 304) оставил воинское звание, отказавшись преследовать христиан. Некоторое время, подвизаясь, жил в горах, после чего принял жестокие мучения за Христа. Память 11 (24) ноября. — *Прим. пер.*

¹⁷ В монастыре Эсфигмен в 1953–1955 гг.

¹⁸ *Святитель Спиридо́н Тримифу́нтский* (†ок. 348) — был епископом на о. Кипре, участвовал в I Вселенском Соборе. Издревле почитается как чудотворец наравне со святителем Николаем. День памяти 12 (25) декабря. — *Прим. пер.*

— Нет, конечно! Как такое может быть? Святые о таких вещах не просят. Это Бог сотворил, что мощи святителя Спиридона пребывают нетленны, чтобы люди получали помощь. Посмотрите, как Бог всё премудро устроил! Острова Керкира, Кефалония и Закинф находятся рядом с Италией, и там людей легче было бы склонить к католичеству, поэтому Он поставил там святых пограничников — чудотворца Спиридона, преподобного Герасима[19] и святителя Дионисия[20].

— Геронда, когда вы здесь, в монастыре, я чувствую себя в большой безопасности. Но когда вас нет и случается какое-нибудь искушение, мне страшно.

— Не бойся. С вами рядом сильные покровители, не забывайте про них, докучайте им молитвой постоянно. А если от меня, никудышного, потребуется какая-то помощь, то, будь я на Афоне или здесь, чем смогу, помогу. Если в мирской жизни любящие братья заботятся о своих сёстрах, то тем более они делают так в жизни духовной, которая выше мирской. Я специально оставил здесь для вас своё сокровище, мощи святого Арсения, и, стало быть, здесь теперь и моё сердце, *ибо где сокровище ваше, там будет и сердце ваше*[21]. Я ведь вам говорил, что всё дорогое, что у меня есть, я оставлю вашему монастырю, где обитает преподобный Арсений. Святой и сам как-то сказал одному человеку[22]: «Я живу рядом с Салониками». А коли

---

[19] *Преподобный Герáсим Кефалонúйский* (†1579) — иеромонах, подвизался на Афоне, в Иерусалиме и на о. Кефалония, где покоятся его нетленные мощи. Дни памяти 15 (28) августа и 20 октября (2 ноября). — *Прим. пер.*

[20] *Святитель Дионúсий Закúнфский* (†1622) — крестник св. Герасима Кефалонийского, учёный муж, подвизался в монастыре Пресвятой Богородицы Анафонитрии на Закинфе. — *Прим. пер.*

[21] Мф. 6:21.

[22] Преподобный Паисий не называет здесь своё имя. См.: *Старец Паисий Святогорец. Святой Арсений Каппадокийский.* М.: Святая Гора, 2010. С. 33. — *Прим. пер.*

он живёт здесь, то проси его, пусть берёт свою палку и по-хозяйски разбирается с тангалашками! Если стесняешься, то проси от моего имени.

Это ведь и есть дело всех вообще святых — помогать и защищать нас, несчастных, от видимых и невидимых напастей. А наше дело — стараться жить по-христиански, не огорчать Господа, зажигать лампадки святым и просить их о помощи. В этой жизни нам нужна помощь, чтобы мы могли приблизиться ко Христу. В жизни иной, если Бог удостоит нас быть рядом с Ним, нам не придётся уже утруждать святых своими просьбами, да, впрочем, тогда и необходимости в этом не будет.

Чудеса святых

— Геронда, мне бывает страшно, когда я одна нахожусь на послушании в гостинице.

— Молись Хаджефенди́[23], и если придёт грабитель, он потом сам будет просить у тебя прощения[24].

— Я, геронда, боюсь не грабителей, а тангалашек.

— Проси Хаджефенди, пусть он их тоже парализует. Что, думаешь, не может?

— Как же не может, геронда!

— Знаешь, что он один раз не только человека, но и автомобиль «парализовал»? Водитель забыл ключи в дверце, и машину угнали. Только он помолился святому

---

[23] Так стали называть преподобного Арсения после того, как он совершил паломничество на Святую Землю. *Хаджефенди́* — с турецкого досл. «господин-паломник». — *Прим. пер.*

[24] Преподобный Паисий имеет в виду конкретные чудеса, сотворённые святым Арсением Каппадокийским (когда воры, которые залезали к нему в дом, не только уходили ни с чем, но и просили прощения). См.: *Старец Паисий Святогорец. Святой Арсений Каппадокийский.* С. 94–95, 96, 100–101, 101–103, 104. — *Прим. пер.*

Арсению — машина как вкопанная встала посреди дороги! Ворам пришлось бросить её и спасаться бегством.

— Геронда, врачи сказали, что у меня в голове опухоль и нужна операция.

— Пойди, крепко приложись своей головой о честную главу святого Арсения. Видела, как он помог другой сестре? Сделал операцию без скальпеля, так что та даже сама ничего не поняла. Слава Богу! Не сомневайся, он и тебе способен помочь[25].

Святой Арсений помогает. Один врач попросил, чтобы я помолился о его больной дочери. Я попросил святого Арсения, и ей стало немного легче. А вы моли́тесь, чтобы святой довершил это чудо — пусть учёные узнают, что такое сила Божия, пусть прославится Его имя. Чудо — это тайна. Его можно пережить, но нельзя объяснить. Человеческий ум понять его не может.

— Геронда, сегодня люди не верят в святых, как раньше.

— Раньше и те, кто называл себя неверующим, с уважением относились к святым. Помню, когда в Конице были оккупанты-итальянцы, загорелся лес. Прошёл слух, что итальянцы сами его подожгли, чтобы схватить всех жителей, когда они выйдут тушить пожар. Люди услышали это и разошлись кто куда, а лес продолжал гореть. Итальянцы пошли к сельскому старосте (он был неверующим) и стали его спрашивать: «А где же все?» — «Работают», — ответил тот. «А почему не идут тушить огонь?» — «А у нас, — отвечает староста, — на случай пожара есть святитель Николай» (главный храм в Конице был освящён в честь святого Николая). И вот в это время, пока они разговаривали, ясное небо заволокло тучами и пошёл

---

[25] Такой совет не означает, что преподобный Паисий отрицает врачебную помощь; говоря здесь так, он побуждает нас с верой просить помощи у святых.

проливной дождь. Итальянцы, когда увидели такое чудо, сильно испугались.

— Геронда, а бывают ли святые, которые не творят чудес?

— Будет святой творить чудеса или не будет, зависит от Бога. Но о многих чудесах святых мы просто не знаем. Ничего нет трудного для Бога, как нет ничего трудного и для святого человека, имеющего дерзновение к Богу. Христос сказал: *Я дам вам силу творить чудеса больше тех, что Я сотворил*[26]. Эти слова Христа говорят о Его смирении и о богатстве благодати, которую Он нам даёт. Удивительное всё-таки смирение у Господа — Он дал святым благодать и силу даже и мёртвых воскрешать, как делал Он Сам!

Живое присутствие святых

— Геронда, я бы хотела увидеть святого Арсения своими глазами.

— Опасное желание, потому что враг может обмануть тебя виде́нием, а помысел станет говорить, что раз ты удостоилась увидеть святого, то из себя представляешь что-то значимое. Потом, когда ты примешь эту свою «значимость», враг в твоём воображении начнёт постоянно крутить своё кино. Поэтому благоговей пред святым Арсением, но не стремись его увидеть. Явится он тебе или нет, это уже не твоё, а его дело.

— Геронда, когда святой является кому-то, другие люди его тоже видят?

— Тут нет общего правила. Иногда видят, иногда только слышат голос, а иногда — ничего. Всегда происходит по-разному, общего канона нет и быть не может.

---

[26] См. Ин. 14:12.

Присутствие святых реально, живо! Бывает, что мы найти их не можем, и они находят нас сами. Когда я перешёл из кельи Честного Креста в Панагуду, калива была заброшена. Кое-как привёл в порядок одну комнату, чтобы было где жить. Все свои вещи я принёс с собой. Минеи были ещё в коробках. Настало время вечерни. Но разве найдёшь нужный том Минеи? Я взял календарь, чтобы посмотреть, память какого святого завтра. Но очки куда-то подевались, буквы в календаре были мелкие, и я не мог разглядеть имя завтрашнего святого, чтобы совершить по чёткам вечерню. Сорок пять минут искал; ничего. «Так всё время пройдёт, пока я буду искать, помолюсь лучше так: „Святые дня, молите Бога о нас"» — подумал я. Прочитал по чёткам молитвы Христу и Божией Матери, а потом стал молиться: «Святые дня, молите Бога о нас!» Ночью, совершая утреню, молился так же: «Святые дня, молите Бога о нас!» Вдруг вижу перед собой светлого воина, который излучал любовь и отеческую доброту. Он подошёл ближе, и я почувствовал в сердце неизъяснимую радость. Увидев, какой он хороший, я набрался смелости и спросил: «Скажите, пожалуйста, где Вы служили и как Вас зовут?» И он мне ответил: «Я святой Лукиллиа́н»[27]. Я не расслышал и переспросил: «Святой Ло́нгин?» — «Нет, — ответил он, — святой Лукиллиан». Имя мне показалось странным, и я опять спросил: «Святой Лукиа́н?» — «Нет, — повторил он в третий раз, — святой Лу-кил-ли-ан». Тогда я вдруг сказал: «А у меня тоже с войны есть раны». Рядом со святым стоял молодой врач в белом фартуке, это был великомученик Пантелеимон, и святой Лукиллиан попросил его меня осмотреть. Святой Пантелеимон меня

---

[27] *Мученик Лукиллиа́н Никомиди́йский* (†275) — память его и с ним четырёх отроков Клавдия, Ипатия, Павла и Дионисия и святой девы Павлы отмечается 3 (16) июня.

осмотрел, и потом я услышал, как он говорил святому Лукиллиану: «Все его раны зажили, только в воинском билете надо их записать». Ещё долго после этого я чувствовал большую радость и необыкновенный прилив сил. Когда я нашёл очки и заглянул в календарь, то увидел, что была память святого мученика Лукиллиана. Вечером я сходил к знакомым отцам и прочитал у них житие этого святого.

И по сей день этот святой насыщает меня своей любовью, услаждает душу и тело той райской радостью, что он мне даровал.

ЧАСТЬ ЧЕТВЁРТАЯ

«ПРОСИ́ТЕ, И ДА́СТСЯ ВАМ»

«Когда ты молишься о себе с глубоким осознанием собственной греховности, тогда даже простое „Господи, помилуй" о других будет иметь великую силу».

ГЛАВА ПЕРВАЯ
О МОЛИТВЕ ЗА САМИХ СЕБЯ

Будем просить милости Божией себе и другим

— Геронда, бывает, я молюсь о ком-нибудь и вдруг чувствую умиление. Тогда я прекращаю молиться о том человеке и молюсь о себе самой.

— Почему? Тот, о ком ты только что молилась, перестал нуждаться в молитве?

— Не перестал, геронда. Но я хочу в это благоприятное время помолиться и о себе самой, потому что не знаю, когда в другой раз почувствую умиление.

— Замечательно! Ты, значит, будешь наслаждаться, а про ближнего своего говорить: «Ничего, подождёт»? Эх, ты… По крайней мере, творя молитву, говори не «помилуй мя», а «помилуй нас». Это «нас» заключает в себе и тебя, и всех остальных людей. Я, когда молюсь, говорю: «Господи Иисусе Христе, Сыне Божий, помилуй нас. Помилуй всех и меня, скотину».

Очень полезно делить молитву на три части: первая — молитва о себе, вторая — о живых и третья — об усопших. Но даже в этом случае о себе мы молимся больше, чем обо всех остальных, потому что я один, а живых и усопших бесчисленное множество.

— Геронда, я чувствую, что мне целой жизни не хватит, чтобы испросить милости Божией.

— Бог тебя помилует. Только молись, просто и постоянно, смиренно прося Его милости для себя и для всех людей. Когда мы просим милости Божией и подвизаемся без надрыва, смиренно и любочестно, то Бог подаст и нам, и другим людям всё необходимое.

— А может, геронда, помимо милости Божией нужно просить о чём-то ещё?

— Милость Божия включает в себя всё. Но если есть необходимость, ты можешь попросить у Бога и о чём-то конкретном.

— Геронда, святой Василий Великий говорит: «В молитве, после того как воздашь славословие, проси только Царствия Небесного»[1]. Что он имеет в виду?

— Святитель имеет в виду, что нужно прежде всего просить Царствия Небесного. После этого всё остальное, по слову Господа, *приложится нам*[2]. Не надо рассеиваться на второстепенные и многочисленные просьбы, забывая о главном.

— Геронда, Священное Писание говорит, чтобы мы молились Богу в нуждах[3]. Однако святые отцы избегали молиться о собственных нуждах. Как же мне молиться?

— Молись обо всём, что необходимо душе, и меньше внимания уделяй потребностям тела. В молитве «Отче наш», когда мы говорим: *хлеб наш насу́щный даждь нам днесь*[4], то просим не только о телесной пище, но и о том, что нам необходимо для жизни духовной, жизни по воле Божией.

---

[1] «И когда совершишь обе части, славословия и смиренномудрия, тогда уже проси, чего должен просить, то есть, как выше сказал я, не богатства, не славы земной, не здравия телесного… но, как повелено тебе, проси только Царствия Божия». См.: *Святитель Василий Великий*. Творения. Т. 2. Подвижнические уставы. Глава 1. М.: Сибирская благозвонница, 2009. С. 323–325. — *Прим. пер.*

[2] Мф. 6:33.
[3] См. Мф. 21:22.
[4] Мф. 6:11.

Однажды, когда я жил в каливе Честного Креста, у меня начались проблемы с животом. Из монастыря мне принесли бутылку — думали, с вином, чтобы я пил его как лекарство, — но оказалось, что туда налит уксус. Я ничего не сказал принёсшему мне монаху, потому что подумал, что так было угодно Богу. Прошло около сорока дней. Я пил дождевую воду, и мне стало ещё хуже. В один из дней стало совсем плохо. Я выпил много воды, а потом всю ночь мучился. На следующий день меня терзала жажда, но я боялся пить. Зайдя в храм, чтобы зажечь лампадки, я увидел у иконостаса под иконой Богородицы бутылку вина. Бутылка была моя собственная, я её признал. Но кто налил в неё вино? В эти дни никто не заходил ко мне, а я часто бывал в храме, но никакой бутылки у иконостаса не было. Вино оказалось терпкое, как раз такое было нужно для моего пищеварения. А в тот же день мне принесли бутыль вина ещё и из монастыря.

— Геронда, если я чего-нибудь от всего сердца попрошу у Бога, Он даст мне это?

— Если это будет тебе на пользу, то даст; а если нет, то как и зачем Ему тебе это давать? Помнишь историю с евреями, которые требовали, чтобы Господь дал им царя, несмотря на Божие предупреждение о том, что они к этому ещё не готовы?[5] Царём стал гордый Саул, который обложил их огромными налогами и мучил[6].

Часто нам кажется, что просимое нами у Бога хорошо и полезно, тогда как на самом деле всё совсем наоборот. Однако Благий по природе Бог знает, что нужно каждому из нас. Поэтому будем говорить в молитве так: «Боже мой, помысел говорит мне, что это мне будет полезно. Однако Ты лучше меня знаешь, что нужно моей душе.

---

[5] См. 1 Цар. 8:4-22.
[6] См. 1 Цар. 14:24-31, 22:16-21.

*Да бу́дет во́ля Твоя́»*⁷. Ведь если мы от сердца скажем: *«Да бу́дет во́ля Твоя́»*, то и совершится она — воля Божия. Совершится то, что на самом деле будет полезно нашей душе.

Молитва о духовном подвиге

— Геронда, авва Исаак пишет: «Как ты хочешь возлюбить Бога, когда сам ещё не очистился от страстей?»⁸ Получается, что если человек не очистился от своих страстей, но хочет возлюбить Бога, в этом есть бесстыдство?

— Нет, почему бесстыдство? Человек подвизается в очищении от страстей и одновременно хочет возлюбить Бога. И то и другое происходит одновременно. Бесстыдство есть у того, кто не обращает внимания на свои страсти, а в молитве просит возлюбить Бога.

— Геронда, я где-то читала, что просимое в молитве подаётся соответственно вере и теплоте сердца.

— Ты чего именно просишь у Бога?

— Чтобы Он избавил меня от ожесточения и умягчил моё сердце на молитве.

— *«Проси́те и дано́ бу́дет вам»*⁹, — сказал Христос. Если то, что ты просишь, чисто и пойдёт тебе на пользу, то ты получишь просимое. Если ты просишь у Бога силу молиться о прощении своих грехов и о помощи ближнему, то это добрая просьба и Бог даст тебе просимое. Но если ты хочешь получить харизму молитвы, чтобы испытывать наслаждение от молитвы, то неужели ты думаешь, что Он тебе это даст?

---

⁷ Мф. 6:10.
⁸ «Человеку невозможно с любовью к миру приобрести любви к Богу». См.: *Исаак Сирин, прп.* Слова подвижнические. Слово 35. С. 190. — *Прим. пер.*
⁹ Мф. 7:7.

— Геронда, иногда я прошу Бога: «Господи, просвети меня!» Правильно ли моё прошение?

— Приложи сначала своё старание, а потом уже проси просвещения от Бога. Ведь Бог хочет увидеть, что мы стараемся, а потом уже нам даёт то, что мы просим. Думай, молись, внимай себе и действуй с рассуждением, и Господь просветит тебя. Когда, к примеру, тебя о чём-то спрашивают, не торопись отвечать, но проси у Бога, чтобы Он тебя просветил. «Боже мой, — молись, — вразуми меня, что сказать», — и Бог будет подавать тебе слово, необходимое в конкретном случае. Торопливый ответ — от ума, а ответ, который проходит через молитву, — от Бога.

— Геронда, я невнимательный человек и часто упускаю те возможности, которые мне даёт Бог. Поэтому я вообще боюсь Его о помощи просить, а то опять всё растеряю и подпаду под осуждение.

— Проси помощи Божией и одновременно проси, чтобы Он помог тебе стать внимательной и ты смогла воспользоваться той благоприятной возможностью, которую Он тебе предоставит.

— Геронда, правильно ли просить Бога о том, чтобы попасть в рай?

— Не знаю… Я, например, прошу Бога не о том, чтобы попасть в рай, а о том, чтобы Он помог мне не огорчать Его своей жизнью. Однако если я окажусь в аду, разве этим не расстрою Бога? И разве Господь не избавит от ада человека, который просит помощи Божией в том, чтобы Его никак не огорчать?

Молитва в болезни

— Геронда, в последнее время у меня проблемы с сердцем, и я боюсь, как бы чего не случилось.

— Не бойся. У каждого из нас с чем-нибудь должны быть проблемы, ведь если они есть, то мы сидим у ног Христа и просим Его о помощи.

— Геронда, помолитесь, чтобы мне поправиться.

— Тебе невыгодно, чтобы я так молился. Если будешь терпеть с верою в Бога, то будешь получать пенсию из Небесного страхового фонда, которая больше пенсии сельского страхового общества[10]. Я где-то читал, что один больной человек просил святого Пантелеимона, чтобы тот его исцелил. Святой не исцелял, но больной продолжал молиться и в конце концов всё-таки поправился. Когда пришло время и этот человек умер, то увидел, что из-за исцеления лишился многих венцов. Тогда он сказал святому Пантелеимону: «Эх, зачем же ты меня исцелял, если знал, что я лишусь венцов?»

— Геронда, до какого предела мне нужно полагаться на Бога в вопросах здоровья?

— Сначала доверься Богу. А после Бога доверься человеку — врачу.

— Геронда, как правильно относиться к тяжёлой болезни?

— Обращению к врачам должна предшествовать молитва, бдение, чтобы Бог помог и просветил врачей. Ну и не забудьте взять немного масла из лампадки святого Арсения, не забывайте пить святую воду, читайте Псалтирь...

— Геронда, из-за болезни у меня не получается исполнять монашеское правило, и это меня огорчает.

— Даже если ты ничего не будешь делать во время болезни, ни по чёткам молиться, ни поклонов делать,

---

[10] Многие монахи в Греции получают пенсию от ОГА (Ὀργανισμός Γεωργικῶν Ἀσφαλίσεων) — Сельскохозяйственного страхового общества. — *Прим. пер.*

а только говорить: «Слава Тебе, Боже!» — этого достаточно[11].

— Геронда, когда я болею, то из-за боли не могу сосредоточиться на молитве.

— В такой молитве есть и труд, и страдание, есть подвиг, поэтому она слышна лучше, чем молитва здорового человека.

Боль тоже надо хотя бы немножко любить. Болезнь — это великое благословение для человека. Когда человек поймёт это, то будет принимать боль с радостью и радостно воспевать: *Благословлю́ Го́спода на вся́кое вре́мя*[12]. Помню, бедный старец Гавриил[13] на Каруле так страдал, так страдал… И вот во время приступов боли он пел. Он был прикован к кровати и удивлялся: «Мне говорят: „Это твой крест", — а где же гвозди? А без гвоздей какой крест?»

— И сколько это длилось, геронда?

— Долго, год или два. Он жил совсем один. В келье его пол прогнил, и зимой из этих дыр сквозило по-страшному! А больной старец и на холоде пел и прославлял Бога.

В болезни псалмопение — лекарство. Даже когда человек тяжело болен и сильно страдает, от звуков церковного пения боль утихает. Если он и сам может немного петь, тогда вообще хорошо. Я вот сегодня вечером, когда мне было больно, пел во весь голос. Всю свою энергию вложил в пение. И знаешь, сколько сил это пение мне принесло?![14]

---

[11] Преподобный обращается здесь к тяжело больной и очень ревностной сестре.
[12] Пс. 33:2.
[13] См. о нём: *Новый Афонский патерик*. Т. 1. М.: Орфограф, 2013. С. 62–89. — *Прим. пер.*
[14] Сказано преподобным Паисием 11 июня 1994 года, ровно за месяц до преставления.

ГЛАВА ВТОРАЯ
О МОЛИТВЕ ЗА ДРУГИХ

*Молитва за мир
с осознанием собственной греховности*

— Геронда, иногда, видя, как страдают люди, я не могу молиться о себе.

— Мы ведь молимся о себе не только ради самих себя. Молитва о себе необходима как подготовка, чтобы предстать перед Богом в подобающем одеянии. Чтобы почувствовать боль других людей, нужно себя привести в порядок. И когда ты молишься о себе с глубоким осознанием собственной греховности, то даже простое «Господи, помилуй» о других будет иметь великую силу, потому что эта молитовка будет сказана с великим смирением, которое привлекает великую милость Божию.

— Геронда, я чувствую потребность много молиться о себе и забываю молиться о других.

— Гляди: чтобы произошло совлечение ветхого человека, нужно молиться о себе. Но когда разгорится божественное рачение, тогда человек забывает себя и молится о других. После того как ты немного помолишься о себе, вспоминай о бедствующем мире в целом и о тех, кто удалился от Бога. Молись и о тех, кто упустил дарованное Господом время и остался без Бога — теперь эти люди раскаиваются, но уже без пользы. Твори обо всех молитву: «Господи Иисусе Христе, Сыне Божий, помилуй нас». Поступая так, ты молишься и о себе, и о тех, кто просил твоих молитв, и обо всём мире.

— Геронда, я сострадаю людям, но не чувствую в себе столько дерзновения, чтобы просить у Бога им помощи. Помысел говорит мне: «Разве Бог услышит тебя, такую маловерную?»

— А ты не слушай тангалашку, который заходит к тебе «справа» и через твоё «смиренничанье» ввергает тебя в отчаяние. Говори: «Боже мой, я маловерна, но услышь меня, потому что будет несправедливо, если из-за меня пострадают другие». Как-то во время сильной засухи один монах[1] на Афоне молился так: «Боже мой, прошу Тебя, дай людям немного дождя. Не ради нас: мы монахи и дали обет жить в подвиге. Пожалей бедных людей в миру, которые страдают, и тем не менее *от лише́ния своего́*[2] уделяют что-то и нам. Если бы я был в добром духовном устроении, Ты бы меня услышал и люди бы не страдали. Я знаю, что я великий грешник, но разве справедливо, чтобы из-за меня страдали другие? Так помоги же им! У них не остаётся времени на молитву — вот я и молюсь за них, сколько могу». Часа через полтора пошёл дождь: над всей Македонией, Фессалией и Афоном!

— Геронда, когда молюсь о мире, помысел говорит мне, что Бог гнушается мной, потому что я оставляю «своего мертвеца» и иду погребать чужих[3].

— Разве ты при своём постриге не похоронила «своего мертвеца»? Молись так: «Боже мой, я, раба Твоя, недостойна того, чтобы Ты меня слышал. Но разве Тебе не жаль людей в миру, которые так мучаются и страдают?

---

[1] Это был сам преподобный Паисий.
[2] Мк. 12:44.
[3] См. Мф. 8:22 и Лк. 9:60.

Прошу Тебя, помоги им». Когда человек молится о ближнем с любовью и смирением и подвизается с сознанием собственной греховности, тогда Бог не отвращается от него, но, наоборот, помогает и ему самому, и другим. Но вот если человек считает себя святым, а о других молится, считая их грешниками, то он Богу действительно противен.

Чужая боль должна стать своей

— Геронда, Вы как-то пообещали нам, что мы организуем «молитвенную артель». Когда это произойдёт?

— Зависит от вас самих... Когда я приеду сюда в следующий раз, посмотрим, в каком вы будете состоянии... Если молитва будет совершаться с болью, знаете, какой она станет обладать силой? Когда вы будете молиться о нуждах мира, то те из людей, кто в этот момент просят у Бога помощи и находятся с вами на одной частоте, будут получать от Него помощь. Я чувствую души, которые молятся, ощущаю их молитву как сильные радиоволны. Часто я понимаю и то, в какой именно день и час молился конкретный больной человек, который получил помощь от Бога.

— Геронда, а люди, о которых вы молитесь, это чувствуют?

— Да, чувствуют, словно земля у них начинает ходить под ногами, и они приходят в трепет. Когда молитва творится с состраданием, то даже незнакомые люди понимают, что за них кто-то молится.

— Геронда, когда наша молитва о других наиболее благоприятна Богу?

— Когда мы чувствуем, насколько она необходима другому. Это происходит, когда ставим себя на место тех, за кого молимся. Если мы поставим себя на место больных или усопших, это поможет нам молиться с состраданием; сострадание сходит в сердце, и молитва наша становится сердечной.

— Геронда, когда я утопаю в помыслах, то не могу молиться.

— Отчего же, моё доброе дитя, ты так зациклена на себе самой? Отчего ты не подумаешь хотя бы чуть-чуть о людях, которые страждут? Знаешь, сколько распадается семей, скольких неблагополучных детей «воспитывает» улица, сколько живут в сиротских приютах без материнской ласки? Подумай, сколько людей в этот самый момент кричат: «На помощь!» — а рядом нет никого, кто бы мог им помочь? Сколько людей тонут в море, сколько кончают жизнь самоубийством, сколько страдают? На свете столько людей, нуждающихся в молитвах монахов, а мы тратим драгоценное время на пустые помыслы или детское нытьё и даже монашеское правило как следует не исполняем. Будь же внимательна: выйди из пределов своего «я», пусть чужая боль станет для тебя своей. Поступая так, ты и сама мир обретёшь, и воздаяние получишь от Бога, и другим людям поможешь.

Когда я жил в монастыре Филофей, который в то время был особножительным[4], как-то раз ночью я молился в келье и почувствовал, что какой-то человек, имеющий нужду, пришёл к монастырю. Это был один бедолага, одержимый бесом. Ворота монастыря закрывались с заходом солнца и открывались на другой день утром. «Что теперь делать? — подумал я. — Дать бы ему хоть что-нибудь поесть, а то как он будет там сидеть голодным до

---

[4] *Особножи́тельный (идиоритми́ческий) монастырь* — обитель, в которой братия не выбирают общего игумена, следуют индивидуальному порядку в духовной жизни и материальном обеспечении себя. Последний идиоритмический монастырь Святой Горы (Пантокра́тор) был преобразован в общежительный в 1992 году. — *Прим. пер.*

утра?» Тут мне пришла мысль. Я пошёл в келарню, взял кое-какие продукты[5], положил их в корзинку, привязал верёвку и спустил корзинку из своего окна, которое выходило наружу. Я был в таком состоянии, что потом не мог успокоиться. Всю ночь я с состраданием молился: «Боже мой, я сделал, что мог; я недостоин просить Тебя, чтобы Ты помог Своему созданию. Но разве это справедливо, чтобы он из-за меня страдал?» Утром, когда открылись монастырские ворота и человек вошёл внутрь, он был здоров. Он зашёл в храм и прославил Бога. Благой Бог сжалился над ним и освободил от беса.

— Геронда, когда молишься о каком-нибудь страждущем человеке, то ум молящегося идёт ко Христу или к страданиям ближнего?

— А не у Христа ли ты просишь помощи для ближнего? Молитва начинается с мысли о человеческих страданиях, а идёт ко Христу.

— Геронда, когда моё сердце ожесточается, я вспоминаю разные трудности, которые довелось пережить, и прошу у Бога, чтобы Он помог тем, кто переживает похожие трудности.

— Это правильно. Делай так, если это тебе помогает лучше понимать другого человека и ему сопереживать. «Боже мой, — говори, — как Ты меня много облагодетельствовал, так помоги и брату моему, который лучше меня».

— Геронда, когда я молюсь о спасении какого-нибудь человека и одновременно прошу Бога, чтобы Он не попустил ему страданий, может, это неправильно?

— Нет, благословенная душа, в этом тоже сострадание. Богу нравится, когда у человека, который молится, есть

---

[5] Преподобный Паисий был некоторое время келарем — отвечал за хранение и распределение продуктов.

любовь к ближнему. Но сделает Бог в конечном итоге то, что полезно душе.

Молитва о конкретных нуждах и обо всём мире

— Геронда, я расстраиваюсь, когда служба заканчивается, а я так и не смогла помолиться, потому что меня всё время клонило в сон.

— Чтобы прогонять сон, размышляй о том, что тебя может духовно растормошить.

— Геронда, да разве может что-то растормошить сильнее, чем страдания людей?

— Ты права. Но если думать о людских страданиях «в общем и целом», то пользы от этого немного. Вспоминай лучше о конкретных людях, которым очень тяжело. Поступая так, ты начнёшь сострадать им, и молитва твоя станет сердечной. Оттолкнись от какого-нибудь случая, который больше всего беспокоит твоё сердце, а потом думай и о других страдальцах. Скажем, на любой войне много бывает раненых. Если ты можешь сопереживать всем пострадавшим, даже не видя их, — это большое дело. Но если тебе трудно сопереживать им заочно, то можно поступать так: увидев, как человек, скажем, порезал палец, ты начинаешь размышлять: «Смотри, как ему больно! А если бы он не палец порезал, а стал инвалидом, остался без руки или без ноги?! А сколько уже живёт на свете таких несчастных, у которых нет рук или ног!..» Согласись, ведь одно дело просто услышать в новостях, что поезд сошёл с рельсов, и другое — увидеть своими глазами сошедший под откос состав и множество погибших и изуродованных людей. Так, с болью молясь о конкретных страданиях, ты и сама получаешь помощь, и ближнему помогаешь.

— Геронда, когда звонит колокольчик на проскомидии⁶, я поминаю не конкретные имена, а в общем, например: вдов, сирот, одиноких людей… Это правильно?

— И я поступаю так же. Однако поминай их с болью. И священник на проскомидии должен не просто формально читать имена и вынимать частицы. Нет: о каждом человеке он должен молиться с болью. Если будет так молиться, то начнут происходить чудеса. Как-то раз к одному священнику привели бесноватого и попросили отслужить литургию. Священник, поминая его на проскомидии, прежде чем вынуть частицу, с глубоким состраданием сказал: «Господи, Ты видишь, как страдает Твоё создание!.. Освободи его от власти беса. Помяни, Господи, раба Твоего…» Бес не выдержал и вышел из несчастного.

— Геронда, лучше долго молиться о чём-то одном — или, переходя от одного прошения к другому, так сострадать всему миру?

— Зачем же ограничиваться одним предметом? Лучше просить о разном: об одном, другом, третьем — пусть одно прошение сменяет другое… А после этих разнообразных прошений можно размышлять об общей боли всего мира и молиться. Такая молитва приводит Бога в умиление, потому что в ней есть благородство.

— Геронда, чего нам просить в молитве обо всех людях?

— Давайте будем просить для всех «доброго рая»⁷. Ведь Христос принёс Себя в жертву для того, чтобы спаслись все люди: и те, кто близки к Нему, и те, кто от Него далеки. Будем же просить, чтобы все познали Бога, возлюбили

---

⁶ По афонской традиции, священник перед окончанием проскомидии звонит в колокольчик, и верующие про себя поминают имена православных христиан, живых и почивших, а он в это время вынимает за них частицы.

⁷ *«Доброго рая»* — распространённое благопожелание в Греции. — *Прим. пер.*

Его, угодили Ему и спаслись, то есть вошли в рай. Один человек[8] молился так: «Боже мой, я уже пожил в раю — здесь на земле. Поэтому после смерти отправь меня в ад вместо моего брата, а его посели в рай». Хотя если такой человек попадёт в ад, то, думаю, от его великой любви тот небольшой кусочек ада, где он окажется, превратится в рай. Ведь там, где есть любовь, присутствует Сам Христос, а где Христос — там и рай.

Молитва о тех, кто просит наших молитв

— Геронда, когда нас просят, например: «Помолитесь о моём ребёнке, который сдаёт экзамены», или: «Помолитесь о таком-то человеке — ему предстоит операция», нужно потом спрашивать, как всё прошло?

— Зачем об этом спрашивать? Чтобы потом потщеславиться: «Слава Тебе, Боже, что моя молитва подействовала»? Помолился? Сделал своё дело? Ничего другого от тебя не требуется.

— Геронда, как вы молитесь о людях, о которых вас просят молиться?

— До операции[9] записки, которые мне давали, я читал стоя, делая время от времени земные поклоны. Когда же я вернулся из больницы, то стал читать лёжа. Когда мне стало полегче, я опять начал читать записки стоя.

— Геронда, когда некоторые паломники оставляют нам записки для поминовения, а мы не знаем их нужд, то как нам за них молиться?

— Говорите: «Господи, помилуй рабов Твоих, нужды которых Ты Сам ведаешь».

---

[8] Речь идёт о самом преподобном Паисии.
[9] Удаление злокачественной опухоли толстой кишки (в феврале 1994 года).

— А когда, геронда, мы молимся о людях и не знаем, живы ли они или умерли?

— Говорите: «Господи Иисусе Христе, помилуй рабов Твоих».

— Геронда, иногда я забываю помолиться о тех, кто просил помолиться о каком-то конкретном деле в определённый день и час.

— Начинай свою молитву с них и говори: «Помяни, Господи, рабов Твоих, заповедавших нам, недостойным, молитися о них»[10]. Помяни имена их два-три раза, а потом молись обо всём мире, говоря: «Господи Иисусе Христе, помилуй рабов Твоих».

— Иногда, геронда, я забываю имена людей, которые просят меня молиться о них.

— Если ты забываешь имена, то молись о людях в сходных нуждах, например, о больных, о молодых, которые сбились с правильного пути, и о тому подобных случаях. В начале молитвы говори: «Боже мой, помоги прежде всего тем, кто больше других нуждается в помощи, — а потом продолжай: — Помилуй рабов Твоих».

— Геронда, я разделяю имена людей, которые просят моих молитв, согласно их нуждам: о здравии, о просвещении и так далее. Но имён становится всё больше и больше. Сколько времени продолжать поминать эти имена?

— Сначала поминай новые имена, а потом прибавляй: «Господи Иисусе Христе, помилуй рабов Твоих и весь мир Твой», чтобы твой молитвенный поезд не отправлялся в путь всего с несколькими пассажирами.

— Геронда, когда меня просят помолиться о какой-то нужде, сколько времени нужно молиться?

---

[10] См.: Часослов. Прошение на ектении в конце полунощницы и повечерия.

— Смотря какая нужда и смотря насколько ты человеку сострадаешь. У кого-то может быть и нужда не слишком велика, но тебе больно за него, и поэтому ты можешь молиться о нём годы. А бывает, что и одной чётки достаточно.

— Так какой же, геронда, всё-таки признак того, что я достаточно помолилась о чьей-то просьбе?

— Пока у тебя мирное душевное состояние — молись, не должно быть в твоей молитве надрыва. А продолжительность твоей молитвы зависит от того, каким временем ты располагаешь. Однако знай: значение имеет не то, сколько человек молится, а то, как он молится. Кто-то может считать, что он хорошо молится, потому что уделяет этому много времени, но его молитва, совершаемая без боли, — это не молитва. А другой молится не так долго, но молитва у него настоящая, потому что совершается с сокрушением и смирением. Ну а уж если есть и количество, и качество, то любочестная душа получает двойную благодать и благословение от Бога.

— Геронда, когда в монастырь приходят люди со многими бедами и оставляют мне записки с просьбой помолиться, я им с болью сопереживаю. Но потом мне не хватает времени, чтобы помолиться о них так, как требуют того их беды, и меня это смущает.

— Человек делится с тобой своей болью, ты выслушиваешь его, и сердце твоё невидимо обливается за него кровью. Даже если тебе не хватит времени помолиться о нём, то эта пролитая кровь стоит многих часов молитвы. Это сострадание и есть сердечная молитва, и Бог на неё откликается. Или, например, ты читаешь записки, которые тебе дают, и при этом переживаешь, что не хватает времени сделать для этих людей что-то большее. Но пойми: имя, прочитанное с сердечной болью, записано не на бумажке, а прямо на Небе, оно восходит к самому престолу Божию!

Молитва о болящих

— Геронда, я сейчас болею. Какое мне на время болезни соблюдать правило?

— Если можешь, пой тихонечко церковные песнопения или твори молитву Иисусову, прося у Бога здравия себе и другим людям, которых ты, как человек немощный, можешь чувствовать лучше других. В болезни тебе даются все предпосылки для молитвы. Даже твоя твоя собственная боль — это очень важная предпосылка к тому, чтобы ты с болью молилась о страдающих, чтобы твоя молитва стала сердечной. Собственно, такая молитва и есть главное дело монаха. Если ты поймёшь это, то не станешь расстраиваться, но будешь молиться непрестанно, благодаря Бога.

— Геронда, некоторые люди пишут записки с именами болящих и рассылают их по разным монастырям для поминовения.

— Это хорошо, но недостаточно. Люди и сами должны молиться о болящих и больным тоже советовать не забывать о молитве. Не нужно успокаивать себя тем, что по разным монастырям разосланы имена для поминовения.

— Геронда, в последнее время мне приходят мысли просить Бога, чтобы Он забрал моего брата, который стал инвалидом и сильно мучается.

— Не надо подсказывать Богу, как Ему поступить. Доверься Ему и предоставь Ему самому разрешить проблему. Бог знает, что лучше для Его чада. Бог — нежно любящий Отец, и Он поступит как лучше.

— Геронда, а как вы мо́литесь, когда над больным человеком висит угроза смерти?

— Я по силам молюсь, к молитве могу присоединить пост, поклоны, что-то ещё — а потом предаю всё в руки Бога, Который благ по природе.

— Геронда, но если Бог и без наших молитв знает, что полезней каждому больному, тогда зачем нам молиться?

— Мы должны просить Бога, и если выздоровление и продление жизни будут во спасение душе, тогда Благой Бог тут же поможет. Но если за больного не молиться, то болезнь будет протекать по законам природы.

За молитвой с болью следует Божественное утешение

— Геронда, когда я слышу о человеческих скорбях, я изнемогаю. Может быть, это признак маловерия?

— Гляди: маловерие — это тревога о себе. Тревога о другом называется состраданием. Правильное сострадание сопровождается молитвой, за ним следует Божественное утешение. Поэтому молись сколько сможешь, а потом предавай всё в руки Божии и успокаивайся. Подумай: разве Бог переживает о Своём создании меньше тебя? Так зачем же тебе изнемогать?

Человеку, которому духовно больно, который страдает за других, Бог подаёт большое утешение, потому что иначе такому человеку не выдержать. Знаете, как мне горько читать горы писем от людей с таким количеством бед и проблем? От этой горечи я потом не могу ничего есть. Однако из этой боли рождается настоящая радость. Бог вознаграждает тебя утешением, соразмерным страданию; Он утешает настолько сильно, что ты не можешь это вынести. И хотя только что ты страдал и плакал, молясь за ближнего, теперь ты веселишься. Благий Бог словно говорит тебе: «Не волнуйся ты так, дитя Моё!.. Я уже услышал твою просьбу».

ГЛАВА ТРЕТЬЯ
О МОЛИТВЕ ЗА УСОПШИХ

«Пре́йдет от сме́рти в живо́т»

— Геронда, вам сейчас больно?
— Ну а как сама думаешь? Если помру до рассвета, значит, начнётся для меня великий день: не будет ни вечера, ни утра! Кстати, когда помру, солнце можете оставить себе![1]

— Геронда, когда для человека, духовно подготовленного, приходит время оставить этот мир, то как он себя чувствует?
— Откуда мне знать?
— Никто, геронда, никогда вам не говорил?
— *Перешёл от смерти в жизнь*[2], — разве не так сказано в Писании? Значит, эта земная жизнь на самом деле — смерть, а смерть есть переход к истинной жизни. Следовательно, духовно подготовленный идёт весело, с радостью!

— Геронда, многие святые видели души, которые оставляют тело. Какой у них вид?
— Они словно дети. Ведь в иной жизни все будут как ангелы: не будет ни мужчин, ни женщин, ни стариков,

---
[1] Сказано преподобным Паисием 28 июня 1994 года, за две недели до преставления.
[2] Ин. 5:24.

ни старух, ни младенцев. Все будут одного пола, одного возраста. Поэтому когда кто-то видит души, разлучающиеся с телом, то видит их словно маленьких детей. Лицо каждого имеет свои характерные черты, но выглядит оно как лицо ребёнка.

Когда я жил в келье Честного Креста, то иногда навещал старца Филарета[3]. Это был благочестивый старец, живший в соседней келье. Пятнадцать лет, до тех пор, пока он сам не заболел, он ухаживал за своим послушником отцом Варфоломеем, страдавшим болезнью Паркинсона. Когда в последний раз я пришёл к нему в келью, то нашёл его лежащим на полу — он упал и не мог подняться. Уже месяц как он ничего не ел, только пил воду. Лежать он не мог, спал в обуви, сидя, прислонившись к стене. Одежда его прилипла к телу, а обувь была вся мокрая, потому что открылись раны на ногах и из них сочилась сукровица. Но он вёл себя так, словно не происходило ничего особенного. «Эти страдания, — говорил он, — тоже благословение от Бога». Я поднял отца Филарета с пола и попросил отца Варфоломея разрешить мне остаться у них на ночь в каливе, чтобы помочь, но он не разрешил, сказал, чтобы я приходил на другой день. В полночь я молился по чёткам и увидел, как старец Филарет со светлым лицом, юный, словно двенадцатилетний мальчик, восходит на Небеса в Божественном свете. Я понял, что он преставился ко Господу.

— Геронда, первые сорок дней после преставления нужна усиленная молитва об усопшем?

— Да, потому что душа умершего трепещет, не зная, какой её ожидает Суд.

---

[3] *Старец Паисий Святогорец*. Отцы-святогорцы и святогорские истории. С. 89–93. — *Прим. пер.*

Здесь, в Суроти, возле гостиницы я встретил как-то одну пожилую женщину, которая хотела взять у меня благословение. Я тоже поцеловал у неё руку, потому что увидел благодать Божию на этой душе. Прошло немного времени, и эта женщина стала монахиней. Когда она преставилась, я был здесь и благоговейно приложился к её останкам. Потом со мной произошли два случая. Один здесь, в исихастирии, а другой у меня в каливе. Первый произошёл через семь дней после её кончины. Я увидел её душу, она была как ангелочек, похожая на девочку двенадцати лет, она вся светилась. Второй раз она явилась мне во сне, сделала с признательностью земной поклон и поблагодарила за мои молитвы о ней. Всё это было очень трогательно, и я чувствовал большую радость. Я открыл календарь, чтобы записать дату, когда это случилось, и увидел, что прошло ровно сорок дней с момента её преставления. Эта монахиня отличалась большой добротой, и сейчас она не забывает благодарить.

Будем молиться об усопших всегда

— Геронда, в ко́стнице[4] надо зажигать лампадку?

— Да, это ведь жертва об усопших. Душа усопшего получает большую пользу, даже если за неё просто поставить свечу.

Усопших надо помнить и всегда о них молиться. Не будем нерадеть в молитве об их душах: пусть они обретут упокоение. Каждый раз, когда у меня в каливе бывает Литургия, в конце я прошу священника отслужить заупокойную литию, на которой совершаются молитвы и обо

---

[4] По традиции Греческой Церкви останки усопших через несколько лет выкапывают, омывают и складывают в особом хранилище — *ко́стнице*. — *Прим. пер.*

всех почивших, «и́хже име́н не помяну́хом»[5]. На Афоне в монастырях вечером в пятницу служат по усопшим заупокойную литию с коливом, в субботу утром служат утреню в соборном храме, а потом Литургию в кладбищенской церкви. Там, на кладбище, все мы закончим свой путь, и из этой «обители» отправимся в иную.

— Геронда, как молиться об усопших?

— Говори в общем: «Боже, упокой души усопших раб Твоих». Если вспомнишь кого-нибудь из почивших или узнаешь о том, что умер кто-то из знакомых или незнакомых, то помяни и эту душу в той же молитве.

Правильнее сначала поминать почивших, имеющих бо́льшую нужду, затем тех, у кого нужда меньше, и под конец — усопших родственников и близких. Я вот, например, хотя никогда не поминаю родственников особо, но если вдруг из-за усталости или нехватки времени не помолюсь об усопших, вижу потом во сне своих родителей. Ведь когда я молюсь обо всех усопших вообще, мои родители тоже получают помощь и радуются, а если не молюсь, то и отец с матерью лишаются этого утешения. Наши молитвы немощны, но даже они приносят бедным усопшим помощь. Поэтому если мы, монахи, не молимся об усопших, то заслуживаем того, чтобы с нас живых содрали кожу и посыпали солью.

Усопшие нуждаются в молитве

— Геронда, на службе я больше молюсь о самой себе. Даже когда на заупокойном богослужении читаются «Непорочны»[6], я часто продолжаю молитву о себе.

---

[5] В славянской версии такой фразы нет. — *Прим. пер.*
[6] Так называется 118-й псалом, начинающийся словами: *Блаже́ни непоро́чнии в путь.*

— Что же, ты хочешь всё доброе только для самой себя? Почившие нуждаются в нашей молитве, потому что сами себе они уже помочь ничем не могут, а вот мы — можем что-то для них сделать.

Помню, жил на Афоне один мирянин — дядя Янис, он ходил по монастырям и кельям и спрашивал: «Есть какая работа? Давай, какую тебе работу надо сделать?» Он был настолько хороший человек, что отцы советовали ему стать монахом. А он отвечал: «Нет, нет!.. Только молитесь обо мне! Вы и представить себе не можете, какой я был негодяй! Знаете, сколько зла я сотворил на войне?» Как-то, помогая мне мастерить аналой, он попросил: «Молись обо мне, отец, потому что я страшный грешник». Потом я потерял его из виду. Спустя какое то время пришёл ко мне монах из одного монастыря и сказал: «Дядя Янис почил. Он являлся мне дважды и попросил передать тебе просьбу, чтобы ты поминал его в числе усопших». Дело было вот как. Дядя Янис пошёл в один монастырь помогать монахам. Когда пришло время умирать, он сказал иеромонаху, который нёс послушание в усыпальнице: «Брате, я страшный грешник. Пожалуйста, служи на моей могиле каждый день заупокойную литию». И когда он умер, этот иеромонах действительно каждый вечер приходил и служил литию на его могиле. Но через некоторое время этому иеромонаху дали послушание в архондарике[7], и он иногда забывал служить литию. Однажды ночью ему во сне явился дядя Янис и сказал: «Пожалуйста, не забывай меня! Если не можешь сам служить по мне литию, то сходи к отцу Паисию и скажи ему, что я умер. Он каждый день меня поминает, но поминает о здравии и молится, чтобы я покаялся. А я теперь покаяться уже не могу».

---

[7] *Архондáрик* — место приёма посетителей, а также монастырская гостиница. — *Прим. пер.*

Усопшим молитва нужна больше, чем живым, потому что для живых ещё остаётся надежда покаяния. И Бог хочет, чтобы были люди, которые просят Его об усопших, потому что окончательный Суд ещё не произошёл. Однажды на войне тяжелораненый боец попросил у священника воды — и тот не дал, отмахнулся, хотя немного воды во фляжке у него было. Вскоре раненый умер, а священник, как только осознал свою ошибку, впал в отчаяние. Он постоянно поминал того человека и, как-то придя ко мне в каливу, рассказал о своей беде. На самом деле этот батюшка был очень отзывчивым и постоянно спрашивал себя: «Как же я мог так поступить?!» Произошло это по Божию попущению. Бог ненадолго отнял от священника Свою благодать, потому что тот боец очень нуждался в молитве. Если бы священник дал ему воды, то вскоре забыл бы о нём. А теперь его мучила совесть, и он молился об этой душе постоянно.

Облегчение участи почивших

— Геронда, какая польза почившим от наших молитв?

— Приведу тебе такой пример. Если бы как-нибудь ты, придя меня навестить, обнаружила меня не здесь, а в сыром подвале, ты бы попросила игуменью: «Жалко-то как старца! Давайте переселим его на верхний этаж, чтобы он, пока жив, солнышко видел!» Как думаешь, игуменья исполнила бы это?

— Ну конечно, исполнила бы, геронда.

— Ну вот, если даже игуменья это сделает, то неужели Сам Бог не подаст облегчения почившим, когда мы Его об этом просим? Разве Ему сложно перевести их в камеру с лучшими условиями содержания или даже под домашний арест?

В молодости я знал одну страшно скупую старушку. Только со мной она не была скупа, потому что очень меня любила. Спустя три года после её кончины со мной случилось нечто странное. В то время, когда я творил Иисусову молитву, словно какой-то юноша взял меня за руку и повёл проведать могилу той старушки, объясняя, что она сама меня звала. Пришли на могилу, юноша поднял могильную плиту, и я увидел, что её тело истлело лишь наполовину и испускало невыносимое зловоние. Она закричала: «Монах, спаси меня! Монах, спаси меня!» Мне стало её так жалко, что я крепко обнял её и поцеловал. Несмотря на ужасный запах, мне не хотелось от неё отходить, и если бы она сама не ушла, я остался бы с ней. Этот случай произвёл на меня неизгладимое впечатление. Когда любишь по-настоящему, с болью, то ни гниющая плоть, ни зловоние не вызывают отвращения. Я вот, например, когда вижу мирскую женщину, модно одетую и пахнущую духами, чувствую внутреннее отторжение, а с этой бабушкой, несмотря на зловоние, не хотел расставаться, чувствовал к ней особое сострадание. Удивительные вещи происходят в духовной жизни! Она очень нуждалась в молитве, поэтому Бог показал мне её в таком состоянии. Потом я стал молиться об этой душе. Спустя два месяца я увидел, будто нахожусь в какой-то пропасти, наподобие воронки. К несчастью, народу было много — ужасного вида, чёрных, они страшно мучились. А над пропастью на светлом облаке я увидел ту старушку. Казалось, что она далеко, хотя на самом деле была близко. Старушка выглядела совсем юной, но было понятно, что это она. Рядом с ней парил ангел — наверное, её ангел-хранитель, — он отмывал ей лицо. Вид у неё был мирный. Я обнял её и почувствовал радость — такую передать словами невозможно!

Ведь усопшие — это подсудимые, люди, попавшие в рабство. Порой я вспоминаю одну старую народную песню и напеваю её, под рабами имея в виду усопших:

> Воля, воля, дай свободу
>   ты измученному телу,
> Воля, воля, дай мне голос,
>   чтобы всё во мне воспело,
> Ты согрей огнём мне душу,
>   что была скалы мертвей,
> Воспою твою я радость,
>   как весенний соловей.
> Отзвук песни пусть услышит
>   раб в узилища стенах,
> И елей помажет раны
>   сердца в рабских кандалах.

Я прилагаю слова этой песни и к себе самому. Разве я не изнемогаю от страданий?[8] В этой жизни я раб. А «раб в стенах узилища», под которым в песне подразумевается порабощённая Эллада, для меня — это усопшие, которые находятся в плену, и я прошу Многоблагоутробного Бога, чтобы Он пролил елей Своей милости на их сердца.

---

[8] Сказано в декабре 1993 года.

ГЛАВА ЧЕТВЁРТАЯ
О ТОМ, ЧТО ПСАЛТИРЬ — ЭТО МОЛНИЯ, ПОРАЖАЮЩАЯ ДИАВОЛА

Псалмы Давида богодухновенны

— Геронда, меня удивляет, насколько дети понимают Псалтирь и как им хочется её читать!..

— Псалтирь подходит для любого возраста. Детям она может нравиться даже больше, чем тебе и мне. Псалтирь богодухновенна, она написана по Божественному просвещению, поэтому содержит такие сильные и глубокие мысли. Даже если всех богословов и филологов собрать вместе — одного псалма не напишут с таким содержанием. А напишут что-нибудь — и это будет похоже на пластмассовый цветок. Пророк Давид не имел никакого образования, а с какой глубиной писал! Ясно видно, что им руководил Дух Божий.

— Геронда, я не успеваю читать Псалтирь.

— Хорошо бы находить немного времени для неё днём. А если нет времени, то лучше прочитать половину кафизмы¹, следя за смыслом, чем всю Псалтырь впопыхах. Про-

---

¹ *Кафи́зма* (от греч. καθίζω — сидеть) — в богослужебной традиции византийского обряда раздел Псалтири. Псалтирь, содержащая 150 псалмов, разделена на 20 кафизм таким образом, чтобы все кафизмы были приблизительно одинаковой длины. Во время чтения Псалтири церковный устав разрешает сидеть. — *Прим. пер.*

читанное держи в уме и размышляй об этом. Псалтирь — это молитва.

Некоторые люди неправильно понимают пророка Давида и говорят, что в некоторых его псалмах есть проклятия. Но когда Давид молится: *Да исче́знут гре́шницы от земли́, и беззако́нницы, я́коже не бы́ти им*², он имеет в виду не то, чтобы грешники погибли, а чтобы они покаялись, и так не станет грешников на земле.

Я от чтения Псалтири испытываю радость; там везде пророчества, везде утешение. В трудной ситуации, если прочитаешь Псалтирь, чувствуешь облегчение, освобождение, уверенность, что Бог поможет. *Спасе́ние же пра́ведных от Го́спода, и защи́титель их есть во вре́мя ско́рби*³, — говорится там.

Чтение Псалтири по «Обстоятельствам» святого Арсения⁴

— Геронда, как вы стали читать Псалтирь, пользуясь «Обстоятельствами» святого Арсения?

— Святой Арсений, не находя в Требнике соответствующих молитв для разных случаев, с которыми к нему обращались люди, использовал разные псалмы. В одной тетрадке он записал, при каких обстоятельствах какой псалом читать. Когда эта тетрадь попала мне в руки, я стал читать Псалтирь и молиться по этим указаниям. Помысел говорит мне, что молитве по Псалтири много помогает и святой Арсений.

— Геронда, сейчас святой Арсений больше помогает нам, потому что видит, что мы молимся так же, как молился и он сам?

---

² Пс. 103:35.
³ Пс. 36:39.
⁴ См. приложение к настоящему изданию, с. 251–268.

— Да, конечно. И тому есть примеры!

— Геронда, как читать псалмы и молиться о каком-то конкретном вопросе?

— Ты как их читаешь?

— Гляжу сначала указания «Обстоятельств», а потом читаю сам псалом.

— Нет, сначала нужно хорошее приуготовление. Святой Арсений был святым и пришёл в такую меру, что читал сразу псалом. А мы неужели не прочитаем в начале *Поми́луй мя, Бо́же…*[5]? А после псалма разве не прочитаем славословие? Разве не сделаем несколько поклонов? Итак, сначала читай пятидесятый псалом и смиренно проси милости Божией. Потом богородичен «Под Твою́ ми́лость прибега́ем, Богоро́дице» и тропарь святому Арсению, чтобы призвать на помощь Пресвятую Богородицу и святого Арсения. Потом читай указание, о чём хочешь молиться, и соответствующий псалом. В конце читай: «Сла́ва… и ны́не…», «Аллилу́ия, аллилу́ия, аллилу́ия, сла́ва Тебе́, Бо́же» (трижды) и в конце славословие как благодарение Христу и «Досто́йно есть» как благодарение Божией Матери. Сделай и поклонов сколько можешь.

— Геронда, я пытаюсь найти связь между псалмом и теми обстоятельствами, в которых его использовал святой Арсений, но не всегда её вижу.

— Указания для конкретных нужд примерно совпадают со смыслом псалмов. Но святого Арсения больше заботила не точность совпадения, не то, насколько содержание псалма буквально соответствует обстоятельствам — преподобному важно было именно помолиться о людях.

— Геронда, можно прочитать сначала несколько указаний «Обстоятельств», а потом все вместе соответствующие псалмы?

---

[5] Пс. 50.

— Если станешь читать несколько указаний вместе, то будешь их забывать. Лучше читать отдельно каждое указание перед псалмом, чтобы сердце начинало работать, пробуждалось усердие. Когда человек молится о каком-нибудь конкретном вопросе, то это очень помогает сердечной молитве.

— Геронда, во время службы мне трудно внимать чтению Псалтири[6].

— Можешь в келье посмотреть в «Обстоятельствах» указания к псалмам, которые будут читаться, и потом молиться о конкретных нуждах. А если забудешь, к каким нуждам что относится, то говори так: «Боже мой, помоги в нужде, к которой относится псалом», — и твори молитву Иисусову.

Будем молиться о разных нуждах

— Геронда, когда после послушания я прихожу к себе в келью, то обычно молюсь по чёткам о различных нуждах. Может быть, мне было бы полезно читать и некоторые псалмы, соответствующие каждому случаю?

— Если хочешь, попробуй, это поможет тебе. Сначала читай указание к псалму, в какой нужде он читается, потом молись по чёткам о конкретной нужде, а потом уже читай сам псалом. Псалтирь очень помогает сердечной молитве, потом ты и сама это поймёшь. Я, после того как посмотрю в «Обстоятельства», творю сердечную молитву и молюсь не об одной конкретной нужде, а о многих. То есть, начав с «Обстоятельств» святого Арсения, расширяю прошение, применяю его не только к материальным,

---

[6] В соответствии с церковным богослужебным уставом на вечерне читается одна кафизма из Псалтири, а на утрене две кафизмы. Таким образом в течение недели вся Псалтирь прочитывается полностью.

но и к духовным нуждам. Например, для первого псалма, который святой Арсений читал при посадке деревьев и виноградников, молясь о том, чтобы они плодоносили, я сначала говорю: «Господи, пусть всё, что сажается, проросло». После этого я молюсь о всяком добром деле, которое начинается. Я прошу: «Господи! Пусть детишки, которые рождаются, освятятся, пусть они растут и преуспевают. Пусть всякое духовное слово, которое сеется, и любое духовное дело, которое начинается, принесёт плод». Начиная 105-й псалом, который читается о Божественном просвещении, я молюсь за физически слепых; а 122-й псалом, который читается о слепых, — чтобы Бог просветил весь мир. Короче говоря, любой человек, начиная молитву с «Обстоятельств» святого Арсения, может увидеть и другие нужды и о них помолиться. Так и ты: если хочешь заняться духовным деланием, возьми все псалмы от начала до конца Псалтири и все «Обстоятельства» святого Арсения, и, прилагая их не только к вещественному, но и к духовному, твори сердечную молитву. Давай попробуем. Возьми прямо сейчас какое-нибудь указание святого Арсения из «Обстоятельств» и скажи мне, о чём бы ты ещё помолилась, читая этот псалом?

— Ну, например, геронда, недавно у меня разболелись уши и я читала 95-й псалом, который святой Арсений читал над глухими. При этом я молилась не только о себе, но и обо всех глухих, о детях, чтобы они слушались своих родителей, и о послушниках, чтобы они оказывали послушание своим старцам.

— Видишь: так как эти нужды ты сама пережила и выстрадала, то легко можешь понять и других, имеющих такие же нужды. Постарайся сделать так, чтобы ты могла сострадать всем людям — пусть ты и не пережила на личном опыте тех трудностей, которые испытывают они. Так постепенно ты научишься сострадать всем людям, близким и далёким, и будешь молиться о них сердечной молитвой; твоё сердце будет о них болеть, и от этой боли будет рождаться молитва.

— Геронда, а когда я читаю указания псалма и стараюсь вспомнить и другие подобные нужды, мне ничего в голову не приходит.

— Нет необходимости фантазировать, «о чём бы таком ещё помолиться». Ведь поводы для молитвы сами вырываются из сердца за доли секунды. Мне в этом отношении, конечно, проще, потому что я много общаюсь с людьми и у меня перед глазами стоит их боль, их нужды, и я им сострадаю. Каждый раз, исходя из конкретных обстоятельств конкретных людей, я нахожу всё новые и новые глубины в хорошо известных псалмах. Молясь по «Обстоятельствам», я вспоминаю сначала кого-нибудь из знакомых, а потом распространяю свою молитву и на всех незнакомых мне людей, имеющих такую же нужду. И вам нельзя оставаться равнодушными. Думайте о том, как страдает мир, чтобы молитва ваша стала сердечной. Главная задача — в том, чтобы включилось в работу сердце.

Молитва по Псалтири

— В наши дни велика потребность в молитве. Единственный выход сейчас — это молитва, без неё ничего хорошего не жди. В Псалтири огромная мощь. Псалтирь — это молния, поражающая диавола. Сколько же утешения я нахожу в Псалтири! Я разделил её на три части[7] и читаю по одной части каждый день. За три дня я прочитываю её всю, а потом начинаю сначала. Я читаю указание «Обстоятельств» святого Арсения к псалму и творю

---

[7] Первая часть — псалмы с 1-го по 54-й, вторая — с 55-го по 100-й, третья — со 101-го по 150-й.

сердечную молитву о соответствующей нужде и обо всех недугующих телесно и душевно. Потом я читаю псалом и в конце каждого псалма прибавляю: «Боже, упокой усопших рабов Твоих!..» Те полтора часа, когда я читаю Псалтирь, — это лучшее, чем я могу помочь миру. Зимой я сильно мучился от грыжи, но читал Псалтирь стоя. Из глаз от невыносимой боли лились слёзы. Одной рукой я держал грыжу, а другой — Псалтирь. Я чувствовал себя как артиллерист на фронте, который палит из пушки, только я стрелял по диаволу. Днём я вёл прицельный псалтобстрел, ночью держал оборону молитвой Иисусовой. Диавол пришёл в ярость, и эта грыжа была его местью. Но и Бог попустил мне эту немощь, чтобы посмотреть, как я себя поведу.

— Геронда, мне тяжело читать Псалтирь стоя, не опираясь на что-нибудь.

— Надо ваши *храмы Свята́го Ду́ха*[8] тоже подпереть лесами. Сделаю вам патери́цы, какие сделал себе: прибил к черенку доску, получилась буква «Т». На неё опираюсь, когда читаю Псалтирь. Одна патерица у меня в келье и одна на улице.

— Геронда, бывает, выбившись из сил, я принуждаю себя читать Псалтирь, хотя от усталости ничего не понимаю. Но я понуждаю себя стоять на ногах — и чувствую, что от этого получаю пользу. Однако помысел говорит мне, что такая молитва «недорого сто́ит».

— Ты-то можешь и не понимать, что читаешь, но сто́ит такая молитва всё равно дорого, потому что, несмотря на усталость, ты понуждаешь себя и стоишь перед Христом. Не забывай, что труд — это необходимое условие молитвы.

---

[8] Преподобный имеет в виду тело, которое, по апостолу Павлу, есть *храм Свята́го Ду́ха* (см. 1 Кор. 6:19).

ЧАСТЬ ПЯТАЯ

МОЛИТВА ИИСУСОВА И ТРЕЗВЕНИЕ

«Мы повторяем сладчайшее имя Христа много раз. Мы делаем это не потому, что Христос не слышит нас с первого раза, но для того, чтобы с Ним соединился наш ум».

ГЛАВА ПЕРВАЯ
О СИЛЕ МОЛИТВЫ ИИСУСОВОЙ

«Господи Иисусе Христе, Сыне Божий, помилуй мя»

— Геронда, как лучше произносить молитву Иисусову?
— Лучше произносить её полностью: «Господи Иисусе Христе, Сыне Божий, помилуй мя», потому что в молитве Иисусовой содержится всё наше богословие[1]. Но если тебе трудно произносить её полностью, тогда говори: «Господи Иисусе Христе, помилуй мя».

— Геронда, я читала, что молитва должна быть обращена ко всем трём Лицам Святой Троицы[2]. Говоря «Господи Иисусе Христе», разве мы не обращаемся только ко Христу?

— А Христа, Сына Божия, разве не Бог Отец послал в мир, дабы этот мир спасти? Разве не Христос принёс Себя

---

[1] В первую очередь в словах молитвы Иисусовой содержится догмат о воплощении Слова Божия: «Господи» показывает Божественную природу Христа, «Иисусе» являет Его человеческую природу, «Христе» — и ту, и другую, соединённые в одном лице. «Сыне Божий» показывает, что две природы во Христе пребывают не смешаны и после их соединения. См.: *Некоего неизвестного святого чудное слово о словах божественной молитвы*. Перевод с греч. Добротолюбия, т. 5. М.: Подворье Пантелеимонова монастыря на Афоне, 1991. С. 5. — *Прим. пер.*

[2] Βλ. Ἀνωνύμου Ἡσυχαστοῦ, Νηπτικὴ Θεωρία, ἐκ χειρογράφου τῆς Ἱερᾶς Μονῆς Ξενοφῶντος Ἁγίου Ὄρους, ἐκδ. «Ὀρθόδοξος Κυψέλη», Θεσσαλονίκη 1979, σ. 97–99.

в жертву, разве не Он был распят ради нас? Не Христос ли будет судить мир? Итак, мы обращаемся в молитве ко Христу, поскольку именно на Нём утвердил Бог спасение мира.

— Правильно ли, геронда, вместо слов «Господи Иисусе Христе, помилуй мя», говорить: «Господи Иисусе Христе, просвети меня», или «прости меня», или «покрой меня»?

— Лучше говорить молитву как принято, с «помилуй мя» в конце. «Помилуй мя» включает в себя всё: «спаси», «просвети», просьбы и о телесных нуждах, и об освобождении от страстей… Но если в какой-то момент ты поймёшь, что тебе необходимо сказать: «Господи Иисусе Христе, просвети меня» или «прости меня», — то можешь это сделать.

— Геронда, после «помилуй мя» всегда ли нужно говорить «грешную»?

— В начале можешь несколько раз сказать, но потом нет необходимости повторять это после каждой молитовки, достаточно иметь осознание собственной греховности.

— Геронда, мне легче прочитать чётку Божией Матери или святым, чем творить Иисусову молитву. Это нормально, когда так происходит?

— Одно дело — молитва Божией Матери и святым, другое — молитва Иисусова. Это разные вещи. Молитва Иисусова имеет иной смысл: через неё человек соединяется со Христом, ум соединяется с Богом. Но ум должен пребывать в молитве — вот в чём тайна Иисусовой молитвы. Когда мы прочитываем много чёток тому или иному святому, это тоже хорошо, но непрестанную молитву этим не приобретёшь. Привыкай больше творить молитву Иисусову, чтобы ум многократно входил в слова «Господи Иисусе Христе», и так ты естественным образом будешь пребывать в непрестанной молитве. Как правило, она ограничивается словами «Господи Иисусе Христе, Сыне Божий, помилуй мя», — словами, которые мы должны произносить *всем се́рдцем, все́ю душе́ю и все́ю мы́слию*[3]. Другое дело, когда мы хотим попросить какого-нибудь святого вмешаться и помочь нам в нуждах. Конечно, всё это я говорю из своего собственного опыта, исходя из того, что помогает лично мне. Не знаю, поможет ли это другим.

Главное — обратиться к молитве Иисусовой, чтобы соединиться с Богом. Только это имеет ценность, потому что человек роднится с Духом Божиим и духом соединяется с Богом, и это происходит неким священным образом, через Иисусову молитву. Мы много раз повторяем сладчайшее имя Христа не потому, что Христос не слышит нас с первого раза, но чтобы с Ним соединился наш ум. Потому что Христос для нас — всё, и все наши дороги приведут к Нему.

Молитва — страшное оружие против диавола

— Геронда, я чувствую себя бессильной перед лицом любого искушения и трудности.

— Ты не творишь молитву Иисуову? Как корабли, находящиеся в опасности, посылают сигнал SOS, так и ты постоянно повторяй: «Господи Иисусе Христе, Сыне Божий, помилуй мя», — и будешь получать помощь.

Если бы не молитва Иисусова, враг однажды сбросил бы меня в пропасть, но молитва меня спасла. Когда я жил в монастыре Стомион, то как-то раз вечером пошёл в пещеру, которая находилась в опасном месте на краю обрыва. Она была очень мала, я там едва помещался сидя. Перед входом в неё я наложил камней, потому что

---

[3] См. Мк. 12:30.

внизу была пропасть. Всю ночь я творил молитву Иисусову. На рассвете, среди тишины, вдруг послышалось истошное кукареканье и сумасшедшее хлопанье крыльев прямо у меня над ухом. Я испугался от неожиданности и закричал: «Господи Иисусе Христе!» Выскочил наружу и едва удержался на краю пропасти. Тут я сообразил, что это бесовское искушение. В ушах страшно гудело, но я продолжил молиться.

— Геронда, когда человек творит молитву Иисусову одними устами, без участия ума, от этого есть толк?

— Какой-то толк есть и от такой молитвы. Конечно, такая молитва не прогоняет врага, но, словно пулемётными очередями, заставляет его сидеть в окопе и не высовываться.

Молитва имеет великую силу, это страшное оружие против диавола. Произнося её, ты словно стреляешь в диавола духовными пулями, и он не может к тебе приблизиться. Как-то раз один послушник[4], который жил в скиту святой Анны, творил молитву Иисусову, а диавол дразнил его и постоянно мычал: «Му! Му! Му-у-у!..» Потом послушник слышал, как диавол кричал: «К скиту этой Старухи[5] монахи не дают мне спокойно подойти».

— Геронда, когда меня одолевают лукавые или хульные помыслы и тем не менее я стараюсь творить молитву, может, этим я навлекаю на себя гнев Божий?

— Не навлекаешь. Тангалашка по злобе своей сеет лукавые помыслы, а ты пользуйся этим для поучения в непрестанной молитве. Говори ему: «Хорошо, что ты принёс мне эти помыслы, потому что я забыла Бога», и твори молитву. Когда тангалашка увидит, что это приносит тебе пользу, сам отойдёт — ему невыгодно, чтобы такие помыс-

---

[4] Речь идёт о самом преподобном Паисии.
[5] То есть к скиту святой Анны.

лы становились для тебя поводом к молитве. Когда он отступит и не станет больше тебя искушать, тогда, значит, ты стяжала непрестанную молитву.

Во всяком случае, диавол, сам того не желая, приносит большую пользу, потому и Бог его терпит. Когда я жил в Иверском скиту[6], как-то раз ночью тангалашки пробовали убить меня куском скалы! Вечером пришёл в каливу один бедный человек. Я дал ему сколько было денег, и он ушёл. Ночью я услышал стук в дверь. Подумал, что человек решил, будто у меня есть ещё деньги, и вернулся. «Кто там?» — спрашиваю. Тишина. Потом слышу стук в другую дверь. Зажёг свечу. «Кто там?» — спрашиваю опять. Тишина. Потом слышу удары по потолку. «А, теперь понятно!» — говорю. И начался такой грохот! Я встал на колени и непрестанно повторял молитву Иисусову. Вдруг сверху бросают тяжеленную каменную глыбу: бабах! Доска на потолке проломилась, и кусок скалы острым концом вниз повис прямо над моей головой. «Понятно, — говорю, — весёлая нам ночь предстоит!» И началась наша всенощная. Я творю молитву, а тангалашки стучат сверху по крыше. Эх, хорошие это были всенощные!

Молитва — это война с тангалашкой. Значит, и тангалашка будет отбиваться. Тангалашки остаются без оружия, только когда человек борется с ними отважно — но эта отвага должна быть исполнена смиренномудрия, а не эгоистичной бравады.

Для очищения сердца необходимы Иисусова молитва и подвиг

— Геронда, как очищается сердце?

— Смирением, незлобием, жертвенностью, бескорыстностью, исповеданием помыслов, подвигом, молитвами,

---

[6] В 1964–1967 гг.

а главное, молитвой Иисусовой — вот чем очищается сердце. Молитва Иисусова освобождает сердце от всякого мусора.

— Геронда, а может ли сердце очиститься одной только Иисусовой молитвой?

— Нет. Одной только молитвой Иисусовой очиститься невозможно. Одновременно должно быть смирение и подобающий подвиг. Если ты молишься, но небрежёшь о смирении и подвиге, то твоя молитва — напрасный труд. И наоборот: если соблюдаешь остальное, но нерадишь о молитве, то ты тоже трудишься зря. И подвизайся, и молись, прося помощи Божией, и так постепенно очистится сердце. Подвиг и молитва должны идти рука об руку.

ГЛАВА ВТОРАЯ
О МОЛИТВЕННОМ ДЕЛАНИИ

Вслух, шёпотом или в уме?

— Геронда, как лучше творить молитву: вслух, шёпотом или в уме?

— Вслух быстро устанешь. Поэтому твори когда шёпотом, а когда умом. Молиться умом лучше всего, но так как не все люди могут творить молитву постоянно умом, полезно произносить её вначале шёпотом, для подготовки. Можешь начать молитву шёпотом, потом продолжать умом, а потом опять шёпотом, и опять умом. Чередуй так, пока молитва не станет совершаться только умом, то есть не станет умной, как она и называется — «умная молитва». Тогда человек молится умом, а сердце играет, веселится, человек достигает божественного рачения, переживает небесные состояния.

— В последнее время, геронда, каждый раз, когда я вхожу в келью, на меня находят рассеяние и хульные помыслы. Отчего это со мной происходит?

— Похоже, ты забыла о молитве Иисусовой, а потому искушение и раскинуло свои шатры у порога твоей кельи. Постарайся в свободные часы, когда ты в келье, говорить молитву шёпотом, чтобы отгонять рассеяние и помыслы, которые внушает враг. Молитва шёпотом очень полезна во время бесовского нападения. В такие моменты необходимо внимание, чтобы спастись от вражеских полчищ.

— Геронда, надо ли со злыми или хульными помыслами бороться, приводя на ум противоположные, добрые?

— Лучше противодействовать им не помыслами, даже добрыми, а Иисусовой молитвой. Насколько можешь, направь ум к беседе со Христом в умной молитве, а не занимай его рассуждениями о том и о сём. Возделывай молитву, которая сначала избавит тебя от злых помыслов, а в конце соединится с твоим дыханием.

Твори Иисусову молитву на всяком месте

— Геронда, на что мне больше обратить внимание в духовной жизни?

— Сосредоточься, соберись и на всяком месте твори Иисусову молитву умом и сердцем, испрашивая милость Благого Бога себе самой, всем живым и всем усопшим. А когда устанешь от молитвы, пой громко медленным распевом «Господи, помилуй» или какой-нибудь тропарь.

— Геронда, а я обычно творю молитву Иисусову только в храме.

— Когда монах довольствуется тем, что творит молитву Иисусову только в храме, то он уподобляется людям мирским, которые ходят в церковь только по воскресеньям. Поэтому не ограничивайся повторением молитвы Иисусовой только в храме, твори её и на послушании, и в келье, и даже когда ложишься отдыхать — всё равно твори молитву Иисусову. На послушании следи, чтобы движения твои были спокойными и разумными, иначе тангалашка будет отвлекать твой ум от молитвы.

Всегда имей на устах сладчайшее имя Иисуса, чтобы услаждалась твоя душа. Великое дело — весь день проводить с Иисусовой молитвой. Начинаешь день с молитвой, далее делаешь свою работу, повторяя молитву, и так освящается дело, которое делаешь, и люди, которые в нём участвуют. Когда, например, ты готовишь еду с молитвой Иисусовой, то освящается и еда, которую ты делаешь, и люди, которые её едят.

— Геронда, в последнее время на меня постоянно находят сильные искушения.

— Пользуйся искушением, чтобы каждый раз прибегать ко Христу, прося Его помощи, и останешься в выгоде, приобретёшь непрестанную молитву.

Самодвижная молитва

— Геронда, скажите нам что-нибудь о самодвижной молитве.

— Человек, стяжавший самодвижную молитву, не прилагает усилий к тому, чтобы творить молитву Иисусову, но без всякого с его стороны понуждения молитва сама в нём совершается. Даже во сне он творит молитву, и когда просыпается, молитва продолжается. Поэтому в Священном Писании в Песне Песней говорится: *Аз сплю, а сéрдце моé бдит*[1].

На Афоне был один рабочий, который трудился не покладая рук. Работал он за двоих, и потому отцы платили ему двойную зарплату. Иногда он заглядывал и ко мне в каливу Честного Креста. Однажды я ему сказал: «Когда работаешь, твори молитву Иисусову, чтобы и дело твоих рук освящалось». Он послушался меня, как ребёнок, и вскоре привык творить молитву. Как-то раз он пришёл ко мне и говорит: «Знаешь, я сплю и во сне говорю молитву.

---

[1] Песн. 5:2.

И когда встаю, молитва продолжается. Такую радость в душе чувствую!..» — «Забрезжил сладостный рассвет», — ответил я ему. Представьте, мирянин — а достиг такого состояния!

— Геронда, если человек стяжал самодвижную молитву, значит ли это, что он уже очистился от страстей?

— Ну, во всяком случае, доброго устроения он достиг.

— Геронда, как стяжать самодвижную молитву?

— Если человек осознаёт свою греховность и постоянно напоминает себе о том, что он ничем не отблагодарил Господа, тогда душа его любочестно сжимается, и он смиренно просит милости Божией. И потом он уже не прилагает усилия, а Иисусова молитва начинает произноситься сама, она сама в нём движется.

— Человек чувствует необходимость молиться?

— Это не необходимость, а добрая привычка. Благодаря труду, который совершил человек, у него вырабатывается добрая привычка непрестанной молитвы.

Автоматизм в молитве

— Геронда, есть люди, которые постоянно произносят молитву Иисусову шёпотом...

— Можно дойти до автоматизма и произносить молитву механически, как часы тикают: «тик-так, тик-так», — а ум при этом не будет в Боге.

— Геронда, есть ли от такой молитвы польза?

— Если у человека есть немного смирения и он понимает, что ум его не в Боге и молитву он произносит механически, тогда небольшая польза есть. Но если от этого «тиканья» он считает себя преуспевшим делателем Иисусовой молитвы, тогда вместо пользы получает вред.

— Геронда, если человек привык непрестанно произносить молитву Иисусову, это помогает ему в его подвиге?

— Вопрос в том, для чего он её произносит. Если человек познал себя и чувствует необходимость в милости Божией и испрашивает её постоянно, творя молитву, тогда получает пользу. Или если он ещё не познал себя, но уже понимает, что находится в тисках страстей и прибегает к Богу, тогда Бог поможет ему в его борьбе, и вдобавок у человека останется привычка творить молитву Иисусову. Однако если он произносит молитву лишь механически, не осознавая собственных грехов, это не помогает ему в совлечении ветхого человека.

— Геронда, кроется ли опасность в том, что человек поставил себе такую цель: «Я научусь непрестанно произносить молитву Иисусову»?

— Такое стремление может быть опасным, когда человек перестаёт следить за собой и занимается молитвой Иисусовой, потому что она «сейчас в моде». Он может приобрести привычку непрестанно произносить молитву, но в нём будет продолжать жить ветхий человек, и есть опасность впадения в прелесть.

Помню, когда я был в туберкулёзном диспансере, там лечился ещё один монах, который приобрёл привычку произносить молитву Иисусову. Он прикрывал глаза и постоянно повторял: «Господи Иисусе Христе… Господи Иисусе Христе…» Одна посетительница, увидев его, стала креститься: «Вот святой человек!» И вот однажды этот монах мне сказал: «Я тут обличил одного владыку и ещё одного деятеля церковного, сказал им пару ласковых. Написал им письма, чтобы они отреклись от своего лжемудрования! Вот отрекутся — могут рассчитывать на мою поддержку». — «Подожди-ка, брат, — говорю я ему, — тебя-то самого что поддерживает? Три класса образования и чахотка?» И знаете, что он мне ответил! «Да вообще, если бы один-два человека было бы таких, как я, мир был бы спасён!» Если бы у него были проблемы с головой, то и вопросов бы к нему не было, но беда в том, что голова у него была в порядке. Из-за того, что он принуждал себя и постоянно повторял молитву, у него выработался автоматизм, и всякий помысел, который ему приходил, он считал просвещением от Бога. И так дошёл до того, что стал верить, будто в мире больше нет другого такого столпа, как он!

Удерживание дыхания для сосредоточения ума

— Геронда, как вы соединяете молитву Иисусову с дыханием?

— Раньше я приучил себя произносить молитву полностью: на вдох произнося «Господи Иисусе Христе, Сыне Божий», а на выдох — «помилуй мя, грешного». Но после операции на лёгких мне не стало хватать воздуха, чтобы произносить её целиком, и я на вдохе стал говорил «Господи Иисусе Христе», а на выдохе — «помилуй мя».

— Геронда, для чего нужно удерживать дыхание, когда мы произносим молитву Иисусову?

— Удержание дыхания помогает уму сосредоточиться на молитве — так стрелок задерживает немного дыхание, чтобы точно попасть в цель. Но это нужно делать недолго в начале молитвы, и только когда есть необходимость — то есть когда ум рассеян или борют помыслы. Тогда имеет смысл удерживать немного дыхание, но и то не постоянно, иначе сдавливается сердце, и оно может повредиться. Некоторые склоняют голову вниз, удерживают дыхание, и из-за этого возникает физическая боль в сердце, которая может развиться в болезнь — и люди бывают вынуждены оставить молитву. Бог хочет от нас другой боли: той подлинной сердечной боли, которая приходит от смиренного сокрушения сердца, а не от физического сдавливания сердечной мышцы.

Молитва требует труда

— Геронда, я предпочитаю не ходить на послушания, а сидеть в келье и заниматься молитвой Иисусовой.

— Ну и ну! В нирвану захотелось?[2] Цель православного монаха — не нирвана. Пойми это, пожалуйста. Монах не бездельник, который прячется от работы, только сидит и повторяет молитву Иисусову, как мантру. Если он хочет всё время сидеть сложа руки, то он ничем не отличается от тех, кто занимается йогой для самоконцентрации. У монаха, а тем более у молодого, должно всё в руках гореть, он должен быть молодцом и со всех ног бежать на послушание!

— Геронда, и поклоны мне тоже трудно делать…

— Ну, вообще замечательно: поклоны не делай, на послушания не ходи, сиди и молись! Как сама думаешь, сильно преуспеешь? Авва Исаак говорил, что молитва, которая делается без телесного труда, — это выкидыш, а не молитва[3].

— Геронда, я не могу долго стоять на ногах, когда молюсь по чёткам, вскоре после начала опускаюсь на колени и так молюсь.

— Начни с того, что тяжелее, а когда устанешь — переходи к тому, что полегче. Если не можешь стоять на ногах — становись на колени. Если не можешь стоять на коленях — сядь. А если и сидя не можешь, тогда молись

---

[2] Преподобный имеет в виду, что молитвенное делание требует и телесных усилий, и борьбы со страстями и не имеет ничего общего с техникой, которой пользуются последователи восточных религий для достижения состояния так называемой нирваны.

[3] «Всякая молитва, в которой не утруждалось тело и не скорбело сердце, вменяется за одно с недоношенным плодом черева, потому что такая молитва не имеет в себе души». См.: *Исаак Сирин, прп.* Слова подвижнические. Слово 11. С. 78. — *Прим. пер.*

лёжа. Главное, чтобы ум твой был с Богом. Это говорит и авва Исаак[4].

— Геронда, почему отцы говорят, что когда творишь молитву Иисусову, нужно сидеть на скамеечке?

— Смотри: ты встала ночью, исполнила правило по чёткам, совершила все поклоны, устала, села ненадолго и творишь молитву Иисусову. Ты садишься для того, чтобы потом в течение дня тоже иметь силы молиться. На службах и на послушаниях ты достаточно времени проведёшь стоя и утомишься. Если и в келье снова будешь стоять на ногах и молиться, то изнеможешь от усталости. Поэтому садись ненадолго и твори молитву. Вот что имеют в виду святые отцы. Но они совсем не подразумевают того, что обязательно садиться, чтобы творить молитву. Молиться сидя, когда можешь стоять, — думаю, неправильно. Это расслабленность, даже если тебе кажется, что ощущаешь некоторую сладость. Старец Арсений Пещерник[5] говорил: «Когда я творю молитву стоя, чувствую сильное благоухание. Когда творю молитву сидя — слабое».

— Геронда, когда я делаю поклоны или молюсь по чёткам стоя, то ум легче сосредотачивается, то есть физическое усилие помогает мне сосредоточиться.

— Ум направляется на дело, которым занимаешься. Когда, например, у тебя что-то болит, ум направляется на боль, потому что боль его притягивает; так и когда творишь поклоны, ум по крайней мере сосредотачивается на этом делании. Но если бы твой ум был полностью устремлён ко Христу, то ты бы не помнила даже, сколько поклонов сделала.

---

[4] См.: *Там же*. Слово 52, 70. — *Прим. пер.*
[5] *Старец Арсéний Пещéрник* (1886–1983) подвизался на Афоне в пещерах Малого скита святой Анны.

Покаяние — самый верный путь для молитвы

— Геронда, святитель Игнатий (Брянчанинов) говорит, что молитву надо произносить медленно и поклоны тоже творить медленно[6].

— Каждый святой говорит о молитве так, как он сам в ней подвизался. Из святоотеческих рассуждений об умной молитве зачастую делают неправильные выводы. Святые отцы находились в постоянном общении с Богом, и этот опыт богообщения учил их молиться правильно, следуя именно тому образу молитвы, который им приносил наибольшую пользу. Но если следовать тому, что пишут отцы, — преклонять голову на грудь, удерживать дыхание и подражать их внешнему образу молитвы — только для того, чтобы ощутить наслаждение и радость, или по гордости, чтобы стать делателем трезвения, — тогда не преуспеть.

— Геронда, полезны ли книги, которые говорят о специальных приёмах умной молитвы?

— Полезны, но только тому, у кого есть смирение. Гордому, тому, кто ставит целью за несколько лет причислиться к сонму отцов «Добротолюбия», они не полезны. Как-то раз пришли ко мне в каливу несколько монахов и говорят: «Мы пришли, чтобы ты научил нас секретам Иисусовой молитвы. Мы знаем, что ты из тех, кто владеет умной молитвой». — «Вычеркните меня из вашего списка, — говорю им. — Я только прошу милости Божией — ничего другого не делаю».

— Геронда, то есть некоторые практические приёмы, о которых говорят отцы, неполезны?

---

[6] См. *Игнатий (Брянчанинов), свт.* Собрание сочинений. Т. 1. Аскетические опыты. Об упражнении молитвою Иисусовою. С. 291.

— Всё это вспомогательные средства для собирания ума, и они помогают, только если им предшествуют смирение, покаяние, сокрушение. Если же я возьму скамейку, склоню голову на грудь и решу творить молитву столько же раз, сколько Странник[7], и не потружусь перед тем в покаянии, тогда застряну на внешнем и делание моё будет механическим. В лучшем случае просто приобрету механическую привычку произносить молитву. Но если сначала возделывать смирение, покаяние и затем воспользоваться некоторыми практическими советами святых отцов как вспомогательным средством, то будет польза. Кто так приступает к деланию молитвы, тот не может впасть в прелесть, а только внешнее подражание может привести к прелести.

— Геронда, может ли человек стяжать молитву, не читая святых отцов[8] и не следуя определённым методам?

— Конечно, может — если он просто и со смирением творит молитву Иисусову. Некоторые копаются в методах и на них застревают, не продвигаясь дальше. То есть метод для них становится целью, в то время как метод — это просто вспомогательное средство.

— Геронда, скажите, что такое погружение в молитву?[9]

— Сладостное погружение? Человек не должен приступать к молитве, имея это целью.

— Да, геронда, я понимаю, что не должен, но какой подвиг должен этому предшествовать?

— Главное, чтобы не было своекорыстия, чтобы было благородство, жертвенность.

---

[7] Преподобный Паисий имеет в виду книгу «Откровенные рассказы странника духовному своему отцу».

[8] Самый известный сборник святоотеческих текстов, посвящённых молитве и трезвению, — это «Добротолюбие», составленное и изданное в 1782 году святыми Макарием Коринфским (†1805) и Никодимом Святогорцем (†1809).

[9] О погружении в молитву — см. с. 245.

Самый надёжный путь — это возделывать молитву с благородством, то есть думать о том, насколько велики благодеяния Божии и насколько мы сами неблагодарны Богу. Тогда душа сама смиренно утесняется от любочестия и с болью просит милости Божией. А потом человек всё больше и больше чувствует, насколько ему необходима милость Божия, его молитва становится сердечной, постепенно принося в душу сначала сладость Божественного утешения, а потом Божественную радость и веселие.

ГЛАВА ТРЕТЬЯ
ОБ УМНОМ ДЕЛАНИИ

Ум — великий дар, но надо настроить его на Божественную частоту

— Геронда, святитель Григорий Палама пишет, что добродетели человеческие, поскольку они богоподобны, делают человека способным к принятию Бога, но не соединяют его с Ним. Молитва же совершает соединение с Богом[1]. Что он имеет в виду?
— Здесь святитель говорит о чистой молитве.
— Геронда, что такое чистая молитва?
— Когда есть духовное благородство, жертвенность, человек становится родственным Богу, имеет связь с Ним, и ум его постоянно находится в Боге. Тогда он молится — даже когда не молится. Вся жизнь его — молитва. Он не думает ни о чём другом: что бы он ни делал — ум его всегда в Боге. Представь ребёнка, у которого нет отца, и его воспитывает только мать. Вдруг он оказывается вдали от неё, но что бы он ни делал, где бы ни находился, ум его — постоянно с мамой. Так и человек, который обречён

---

[1] *Григорий Палама, архиеп. Фессалоникийский, свт.* О молитве и чистоте сердца, три главы // Добротолюбие. В 5 т. Т. 5. 4-е изд. М.: Издательство Сретенского монастыря, 2010. С. 291–294.

быть изгнанником на земле, вдали от своего Отца — Бога: когда он достигает состояния чистой молитвы, ум его постоянно в Боге, его Отце. Вот что такое чистая молитва.

— Геронда, как очищается ум?

— Чтобы ум очистился, он должен быть постоянно в Боге, должен соединиться с Богом. Чтобы он соединился с Богом, требуется внимание, наблюдение за собой, непрестанная молитва. Когда ум соединится с Богом, тогда человек не думает ни о чём, кроме Бога; ум чист, потому что в него не входят помехи. Тогда человек становится творением не только *по óбразу*, но и *по подóбию* Божию[2]. Оставаться только *по óбразу* — недостаточно. Ум — великий дар, но надо настроить его на Божественную частоту.

Великую энергию ума, который двигается со скоростью выше скорости света, нужно использовать и целиком направить к Богу, Творцу света. Если эта энергия рассеяна, то как ум может иметь силу? И если ум человека не имеет силы, тогда человек остаётся с одним голым рассудком и, не выходя из пределов черепной коробки, прискорбно из *образа Божия* превращается в компьютер — жалкую интеллектуальную машину. А с некоторыми происходит следующее: поскольку они не прилагают эту силу ума к высшему, её использует или, лучше сказать, на ней начинает ездить враг, направляя её вниз, вначале к земле, а потом ещё ниже, ко греху, ввергая в самый ад. Но когда уму удастся взойти горé, тогда он все вещи видит с высоты очами души, Божественным оком, Божественным просвещением. Всё это, к сожалению, я знаю только теоретически и буду стараться трудиться в этом направлении, пусть даже смерть застигнет меня в пути.

---

[2] См. Быт. 1:26.

Духовное бодрствование

— Геронда, что такое трезвение?

— Трезвение — это твоё внимание: в помыслах, в делах, в движениях. Если сегодня ты следишь, наблюдаешь за собой и анализируешь своё поведение, поступки, тогда завтра будешь внимательнее, и так далее. Основа — внимание. Поэтому видишь, как святые отцы внимали себе! Почему их называют «делателями трезвения»? «Трезвящийся» значит внимающий себе, внимательный. Они внимали себе и занимались внутренним деланием. Наблюдали за помыслами и пребывали в постоянном духовном бодрствовании.

— Геронда, авва Исаак говорит: «Делание дневное должно согласовываться с деланием ночным»[3]. Что он имеет в виду?

— Он имеет в виду, что как человек молится ночью и ум его пребывает в Боге, так и днём должен стараться не терять внимания, чтобы ум его не удалялся от Бога. Если днём не следить за собой, набирается много мусора, и попробуй потом от него избавиться! Тяжело! Один невнимательный шаг — и сколько трудностей потом во время молитвы, когда стараешься сосредоточиться!

Внимание и наблюдение за собой имеют большое значение. Человек может молиться часами, но если он невнимателен и не следит за собой, он буксует на месте. Но когда молитве сопутствует наблюдение за собой, тогда мы стреляем не наугад, а прямо по огневым точкам врага.

— Геронда, почему мой ум постоянно рассеян и я не могу его собрать?

— Все эти годы он был у тебя как конь без узды, ты и теперь не можешь им управлять. Необходимо внимание,

---

[3] *Исаак Сирин, прп.* Слова подвижнические. Слово 70. С. 78. — *Прим. пер.*

потому что ум в один момент может перенести тебя в рай, а в другой, если не будешь следить, — в ад. Насколько можешь, старайся сосредотачивать свой ум на мыслях благих, святых, которые освящают человека.

Собирание ума

— Геронда, мой ум бродит тут и там.

— Когда я был маленьким, ребята ловили воробьёв, привязывали их за лапку верёвкой и так забавлялись: отпускали, воробьи взлетали — думали, бедные, что они на свободе, но потом дети сматывали клубок и подтягивали птичку назад. Так и твой ум — он может парить, но если другой конец держит Христос, то ум никуда не денется — полетает и вернётся назад ко Христу.

— Геронда, бывает, я сосредотачиваюсь, сосредотачиваюсь на молитве, но только отвлекусь, как за доли секунды мой ум может оказаться даже… в Америке. Как такое происходит?

— В Америку билеты нынче дорого стоят! И частенько ты там оказываешься? Гляди-ка, обуздывай ум, а то и сама разоришься, и нас всех по миру пустишь — я-то не смогу оплатить твои долги. Произноси молитву с сердцем, смиренно, чтобы тангалашка не окрадывал тебя собеседованием с помыслами. Очень тебе в этом поможет размышление о смерти. Если подумаешь: «Бог дал мне время, чтобы приготовиться, и потом призовёт меня к Себе», то не устоит никакой помысел. Когда речь заходит о смерти, ум собирается и не разбегается не пойми куда, не уносится на край земли.

— Геронда, меня огорчает, что мой ум во время молитвы рассеивается.

— Мой ум тоже отвлекается на разные заботы, хотя мне и хочется, чтобы он постоянно пребывал с Богом.

Тогда я говорю: «Боже мой, что такому уму делать рядом с Тобой? Наглость с моей стороны хотеть, чтобы он пребывал с Тобой!» Одним смиренным помыслом привлекается благодать Божия, и ум возвращается к Богу. И ты говори: «Правильно делаешь, Боже мой, что не помогаешь мне собрать ум в Тебе, потому что я жалкая и убогая». Когда ты сама поверишь в это, Бог тут же поможет тебе сосредоточиться.

— Геронда, часто, когда я молюсь по чёткам, хотя вначале и бываю сосредоточенна, но потом ум мой рассеивается. Я стараюсь, сосредотачиваюсь, но он опять рассеивается.

— А ты подумай, как обидно, если ко престолу Божию приходит половина молитвы или одна треть, а остальная часть теряется по дороге! Необходимы настойчивость и терпение. Ум рассеивается? Собирай его снова! Опять рассеивается? Опять собирай.

— Но почему, геронда, мне трудно сосредоточиться?

— Потому что ты ещё на первой ступени подвига, и если бы было наоборот, то это противоречило бы естественному порядку вещей, как если бы младенец родился пятилетним. Ум наш похож на жеребёнка, который сначала бежит за матерью, но скоро забывается: начинает резвиться, щипать травку, играть и убегает далеко, а когда приходит в себя, понимает, что потерял мать. Бежит, находит её, но скоро опять забывается. Когда он немного подрастёт, его берут и привязывают позади матери, и так он всегда рядом с ней. Хочу сказать, что вначале естественно, что ум рассеивается во время молитвы. Но если проявить настойчивость, то он привяжется к Богу и не будет с Ним разлучаться, будет хотеть постоянно молиться. После этого приходит совершенный покой: ни один помысел не приближается во время молитвы, и ум пребывает свободным от помыслов[4]. А следующая стадия — это уже созерцание.

Дадим работу своему уму

— Геронда, я пока живу в миру. Если можно, подскажите, как мне сохранить себя от того, чтобы рассеиваться, отвлекаться на мир.

— Ответы на этот вопрос ты найдёшь у аввы Исаака. Внимательно прочитай четыре первые строчки первой главы и поразмышляй над ними. Святой говорит: «Страх Божий есть начало добродетели. Таковой страх, как говорят, рождается от веры и сеется в сердце человека, когда ум его, после того как распрощается с мирским развлечением и соберёт свои помышления, блуждающие тут и там, предаётся поучению о будущей участи души»[5]. Правда, для такой духовной работы нужны определённые предпосылки, а их у тебя пока ещё нет. Но что-то подобное ты можешь делать и теперь, находясь в миру. Молиться постоянно тебе тяжело, потому что молитва вначале несколько утомляет, так как внутри ещё живут страсти. Поэтому когда ты не молишься и ум твой ничем не занят, старайся давать ему работу, чтобы диавол не имел возможности сеять своё. Работа для ума может быть такая: чтобы его собрать, хорошо возделывать память смертную — но ведь вы,

---

[4] Это духовное состояние, когда человек, очистившись от страстей, уже не имеет помыслов. Как пишет авва Исаак, «душа принимает умирение помыслов; от умирения же помыслов возвышается до чистоты ума, а при чистоте ума человек приходит в видение таин Божиих... После же сего ум достигает до зрения откровений и знамений, как видел пророк Иезекииль». (См.: *Исаак Сирин, прп.* Слова подвижнические. Слово 59. С. 386.) — *Прим. пер.*

[5] См.: *Исаак Сирин, прп.* Слова подвижнические. Слово 1. С. 19. — *Прим. пер.*

женщины, только и ищете повода, чтобы предаться унынию и отчаянию!.. Поэтому лучше постоянно приводи себе на память события Нового Завета и размышляй над ними. Начинай с Благовещения и заканчивай Распятием, и пусть ум твой постоянно обращается вокруг них. Когда ум твой достигнет того, что будет постоянно обращаться только вокруг этих священных событий, тогда с тобой произойдёт внутреннее изменение, и это будет твоим воскресением.

— Геронда, мне очень нравятся слова стихиры: «Прободе́нным Твои́м ре́бром, Жизнода́вче, то́ки оставле́ния всем источи́л еси́, жи́зни и спасе́ния»[6].

— Да и как они могут не нравиться? Созерцая Крест, прободенное ребро Христово, гвозди, уксус, желчь и каждую подробность Евангелия о страданиях, которые Господь претерпел за нас, ум пригвождается на Голгофе нерассеянно. Тогда душа молится неразвлечённо распятому Христу о себе самой, обо всех живых и почивших, чтобы Христос, Который принял раны за всех нас, помиловал их.

Наш ум похож на подростка, который предоставлен самому себе, хочет без конца скитаться тут и там, беспризорничать и нарушать правила. Однако от воспитания ума зависит наша жизнь и наше спасение. Если мы сможем его усмирить, воспитать, то он успокоится, станет хорошим и послушным. Поэтому, насколько возможно, не позволяйте уму праздно шататься. Тренируйте его духовно, научите больше быть дома, в раю, рядом со своим Отцом и Богом.

---

[6] См.: Октоих, глас пятый. В субботу вечера, стихиры на стиховне. По-русски: «Из Твоей пронзённой груди, Жизнодавец, Ты всем источил потоки жизни и спасения».

Ощущение присутствия Божия

— Геронда, когда я занята каким-нибудь умственным трудом, молиться не могу.

— Если во время работы ум твой не отдаляется от Бога, то это равнозначно молитве Иисусовой. И наоборот, если ты молишься, а ум твой при этом не находится в Боге, толка от такой молитвы нет. Если человек устаёт от молитвы Иисусовой и просто ставит свой ум пред Христом или Божией Матерью, то и это молитва.

— Геронда, а может ли человек хранить память о Боге, не произнося молитвы Иисусовой?

— Если он говорит в помысле: «Как же далеко я от Бога! Что мне делать, чтобы быть рядом с Ним?» — и от этого приходит память о Боге, то приходит и молитва. Старайся всегда ощущать присутствие Христа, Божией Матери, святых и веди себя так, как будто они здесь, рядом. Ведь они и на самом деле здесь, хотя мы и не видим их телесными очами. Все мысли и чувства возводи к Богу и говори: «Бог меня видит. То, что я сейчас делаю, угодно ли Ему? Чего мне нужно избегать, чтобы не огорчать Его?» Постепенно это станет твоим внутренним состоянием. Ты будешь думать о Боге и делать всё возможное, чтобы Ему угодить. Так развивается и растёт любовь к Богу, так услаждаются ум и сердце, и так научишься постоянно пребывать в молитве Иисусовой без труда.

— Геронда, а что означает пословица: «Бога помнишь — Бога зришь»?

— Помнить о Боге значит иметь ум в Боге. Помнящий о Боге человек живёт в Боге, и таким образом он везде и во всём видит Бога. Тот, кто достиг этого, постоянно ощущает присутствие Божие и рассыпается в прах от благодарности к Нему. Печать благословения Божия он видит на всём. Смотрит вокруг и понимает, что Бог заботится не только о человеке, но и обо всём мире, даже в самых малейших вещах. Куда он ни посмотрит, везде видит величие Божие. Он поднимает взгляд на небо и преображается от присутствия Бога. Он смотрит на землю, на птиц, на деревья и за всем этим видит Бога, их Творца. Это есть и молитва, и память Божия одновременно.

ГЛАВА ЧЕТВЁРТАЯ
О СОРАБОТНИЧЕСТВЕ УМА И СЕРДЦА

*Молитва становится сердечной,
когда ум соединяется с сердцем*

— Геронда, как ум нисходит в сердце?

— Когда сердцу становится больно, ум нисходит в сердце. Что значит «сердцу становится больно»? Когда человек размышляет о благодеяниях Божиих и о собственной неблагодарности, его сердце пронзает боль, и ум направляется туда.

— Геронда, когда у меня болит голова, я не могу молиться.

— Представь, что у тебя болит нога и в этот самый момент ты порезала себе ножом руку. Что происходит: ты забываешь о боли в ноге и всё своё внимание переключаешь на пораненную руку. Так и с головной болью, которая мешает тебе молиться. Подумай сначала о собственных грехах, потом о страданиях людей, и тогда у тебя начнёт болеть сердце. Боль сердца «нейтрализует» головную боль, и начинается сердечная молитва о себе самой и обо всём мире.

— Геронда, что нужно делать, чтобы ум не блуждал и не рассеивался?

— Трудно обуздать ум, который носится со скоростью, большей скорости света. Нужно, как ребёнка, «взять его за ручку» и отвести к страждущим, больным, покинутым, усопшим. Тогда ум, который всё это увидит, начнёт стучаться в двери сердца, а оно — каким бы чёрствым ни было — раскроется, и молитва станет сердечной, и человек со слезами начнёт просить Бога о помощи. Но если человек думает обо всём этом и не сострадает — не трогают его ни людские беды, ни муки осуждённых усопших, ни страдания их душ, — то это значит, что такой человек заелся, а плотское мудрование и ветхий человек в нём очень сильны.

— Геронда, часто во время службы мой ум не к небесному устремляется, а сосредотачивается на страданиях людей.

— Одно с другим неразрывно связано. Цель не в том, чтобы просто произносить слова молитвы или только хранить ум свободным от помыслов; нужно, чтобы «моторчик» заработал, чтобы сердце со-болезновало тому, о чём молишься.

— Геронда, когда я прихожу в келью после послушания, то пытаюсь собрать мозги в кучу, освободиться от мыслей о работе и от разных образов, но голова всё равно трещит.

— Надо не «мозги в кучу собирать», а ум. А ты мозги собираешь, потому что головой молишься. Когда человек молится головой, естественно, что его мозг напрягается и потом начинает болеть голова. Не у тебя одной такая проблема. Люди занимаются чем-то душеполезным, к примеру, читают какую-нибудь духовную книгу, но не умом при этом работают, а «обмозговать» пытаются, из-за этого потом болит голова. Похожие проблемы и у тех, кто механически подходят к сердечной молитве[1], и потом у них болит сердце. Когда я хочу помолиться

---

[1] Например, удерживают дыхание.

и стараюсь сосредоточиться, ум должен обратиться ко Христу. Тогда он не рассеивается, но тут же направляет «телеграмму» сердцу и соединяется с ним. Другое дело — работа рассудком, она утомляет. Почему я часто вам повторяю, что чужую боль нужно сделать своей? Ум должен войти в боль другого человека, и тогда можно молиться. Иначе получается не молитва, а доклад. К примеру, говоришь рассудком, что есть больные люди и нужно о них помолиться, но ни ум, ни сердце в этом не участвуют. А если у тебя самого что-то болит, тогда ум на этом постоянно сосредоточен. То же самое, если сделаешь своей боль другого человека, тогда ум неотступно будет в ней.

— Геронда, но разве в этом случае есть гарантии, что ум не будет отвлекаться?

— Гарантий таких нет, и отвлекаться он может. Это зависит от того, насколько сильно чувствуется боль. Например, в доме, где есть больной, которому вырезали аппендицит: родные и посидят немного рядом с ним, могут и попеть, и поплясать, а потом каждый займётся своими делами. Другое дело, если человек болен тяжело, например раком: случилась великая беда, о которой никто в доме ни на минуту не может забыть. Только тот, кто не понимает всей серьёзности положения, может забыться. Помню, когда я был маленьким, однажды привезли домой мою тяжелобольную сестру. Она была почти при смерти, а я взял губную гармошку, сел рядом с ней и стал играть — не понимая, что она может скоро умереть.

— Геронда, получается, что мозг — это телесный орган, а ум — духовный?

— Ум в человеке — что спирт в вине: сила в нём, а не в виноградном соке. Так и ум — это жизненная сила мозга, лучшее, что есть в человеке.

— Значит, геронда, сердце не работает от того, что не работает ум?

— Конечно, благословенная душа! Вся сила именно в нём.

— А мозг, геронда? Получается, от него нет никакой пользы при молитве?

— Он тоже нужен, но до некоторой степени: рассудок принимает решение войти в боль другого человека. Вот и всё. А потом начинает работать ум. Надо подумать о конкретных бедах и трудностях, которые испытывают люди, почувствовать к ним сострадание и начать молиться.

Любовь Божия собирает ум в сердце

— Геронда, иногда во время молитвы, чтобы ум не рассеивался, я говорю: «Господи Иисусе Христе, Сыне Божий, я Тебя люблю».

— Любишь Иисуса Христа, а ум твой уходит от Него во время молитвы Иисусовой — разве это возможно? Один-два раза сказать Ему, что любишь, — возможно. Но если повторяешь эти слова всё время, то это неправда. Нельзя одно иметь в сердце, другое в уме, а третье произносить языком. Тогда к нам применимы слова Писания: *Приближа́ются Мне лю́дие сии усты́ свои́ми и устна́ми чтут Мя: се́рдце же их дале́че отстои́т от Мене́*[2].

— Геронда, почему я молюсь без теплоты?

— Потому что ты рассеиваешься на внешнее. Сердце твоё в другом месте; в нём нет взыграния, нет любви к Богу, поэтому и молитва Иисусова выходит слабая. Любовь Божия собирает ум в сердце, и потом человек «сходит с ума».

— Геронда, как постоянно стремиться к Богу и творить сердечную молитву Иисусову?

---

[2] Мф. 15:8. См. также: Ис. 29:13.

— Если человек постоянно напоминает себе о благодеяниях Божиих и том, что он ничем не отблагодарил Господа, тогда сердце пронзает боль и оно начинает работать. Сердце само любочестно сжимается, и уже не человек гоняется за молитвой, а молитва за ним. Потому всегда имей любочестные и смиренные помыслы. Господь обитает в сердцах смиренных[3], так и в тебя войдёт благодать Божия, сердце усладится и молитва станет сердечной.

— И что, в это время даже злой помысел не может прийти?

— Нет, не может. Чтобы пришёл злой помысел, нужно прекратить молитву. Но даже если ты прекращаешь творить Иисусову молитву умом, а твоё сердце продолжает её творить, то злой помысел всё равно не может прийти — сердце-то молится!

— Геронда, благословите меня и посоветуйте, как собрать ум воедино.

— Благословенная душа, желаю тебе, чтобы твой ум собрался в сердце. Что мы имеем в виду, когда говорим «сердце»? Сердце — это ведь не контейнер, куда надо положить ум. Сердце — средоточие наших чувств и переживаний. Следовательно, говоря «чтобы ум собрался в сердце», мы имеем в виду, чтобы он собрался в любви, доброте, трепетном желании, в невыразимом сладком взыграние... Бог есть Любовь, и сердце имеет в себе любовь; если сердце очистилось, тогда можно сказать, что человек имеет в себе Бога. *Возлюбиши Го́спода Бо́га твоего́ всем се́рдцем твои́м, и все́ю душе́ю твое́ю, и все́ю мы́слию твое́ю*[4]. Возлюби Его всем своим существом. Если ум вкусит той сладости, которая приходит в сердце благодаря любви и доброте, то молитва «Господи Иисусе

---

[3] См. Ис. 66:1-2.
[4] Мф. 22:37.

Христе, помилуй мя» будет приводить всего человека в великий трепет и умиление.

Весь фундамент духовной жизни в том, чтобы человек очистил сердце, дабы принять в него Христа и обуздать ум. Надо сделать так, чтобы уму было сладко находиться в сердце. Если уму в сердце будет сладко, то он не захочет уходить из сердца — как ребёнок из кондитерской.

ЧАСТЬ ШЕСТАЯ

БОГОСЛУЖЕБНАЯ ЖИЗНЬ

«Храм — это дом Самого Бога, он освящает человека, там получаешь Божественную благодать. Одной мысли об этом достаточно, чтобы прийти в трепет».

ГЛАВА ПЕРВАЯ
О ПЕРИОДАХ ЦЕРКОВНОГО ГОДА

«Христо́с ражда́ется»[1]

— Геронда, можно ли будет завтра вздремнуть после всенощной на Рождество Христово?[2]
— Ну давайте ещё на Рождество спать уляжемся! Моя мать говорила: «В рождественскую ночь одни евреи дрыхнут». В ночь, когда родился Христос, славные мира сего спали крепким сном, а пастухи бдели[3]. Они стерегли овец ночью и играли на свирели. Чувствуешь разницу? Пастухи, которые бдели, удостоились увидеть Христа.
— Геронда, а как выглядела та пещера?
— Это была пещера в скале, и в ней была одна только кормушка для скота; ничего другого не было. Туда приходили одни бедняки и укрывали своих овец. Божия Матерь вместе с Иосифом пришли в эту пещеру[4], потому что все постоялые дворы были переполнены. В ней были ослик и телёнок, которые своим дыханием согревали Христа.

---

[1] Ирмос первой песни канона праздника Рождества Христова.
[2] В обители святого Иоанна Богослова обычно бдение начинается в 9 часов вечера и вместе с Литургией заканчивается около 4 часов утра. — *Прим. пер.*
[3] См. Лк. 2:8.
[4] См. Лк. 2:7.

Позна́ вол стяжа́вшаго и́, и осе́л я́сли господи́на своего́[5] — не так ли говорит пророк Исаия?

— Геронда, насколько прекрасно в сегодняшней стихире сказано, что Пресвятая Богородица, видя новорождённого Христа, восклицала, «ра́дуяся вку́пе и пла́ча: сосцы́ ли Тебе́ пода́м, вся́ческая пита́ющему, или́ воспою́ Тя, я́ко Сы́на и Бо́га Моего́? Ка́ко Тя наимену́ю?»[6]

— Это тайны Божии, величайшее снисхождение Бога, Которого мы не можем постичь!..

— Геронда, как нам пережить сердцем и почувствовать это событие Рождества, что Христос «днесь ражда́ется от Де́вы»[7]?

— Чтобы нам пережить и почувствовать эти божественные события, ум должен быть сосредоточен на божественных смыслах. Тогда человек изменяется. «Ве́лие и пресла́вное чу́до соверши́ся днесь»[8], — поём мы. Если ум наш будет пребывать там, в «преславном», в странном, тогда мы будем переживать сердцем великое таинство Рождества Христова.

И я буду молиться, чтобы сердце ваше стало Вифлеемскими яслями и Божественный Младенец даровал вам все Свои благословения.

Святая Четыредесятница — шествие на Голгофу

— Дорогие сёстры, желаю вам доброй Четыредесятницы и особой помощи Божией в первые три дня[9]. Надеюсь,

---

[5] Ис. 1:3.
[6] В славянской Минее этой стихиры нет, а в греческой Минее это третья стихира на «Господи воззвах» на вечерне 24 декабря. — *Прим. пер.*
[7] Стихира на девятом часе в навечерие праздника Рождества Христова.
[8] Первая стихира на стиховне праздника Рождества Христова.
[9] Согласно Уставу в первые три дня Великого поста положено полное воздержание от пищи и воды.

в этом году во время поста на вас не навалится много забот, и вы будете душой сострадать Страстям Христовым, трудясь больше духовно. С началом пения Постной Триоди[10] надо начинать шествие на Голгофу. И если человек с духовной пользой проведёт это время, то после смерти его душа, восходя горе́, не будет встречать препятствий на мытарствах[11]. Каждый год наступают эти святые дни, но проблема в том, что и времени с каждым годом у нас становится всё меньше и меньше. А как мы используем это время? С небесной выгодой или растрачивая на земное?

Монахи каждый Великий пост начинают с трёх дней, в которые они отдают все силы строжайшему посту и усердным молитвам. А у мирских людей тоже есть свои три особых дня — не раз в год, а каждую неделю: пятница, суббота и воскресенье — в эти дни они отдают все силы безумным развлечениям и сомнительным удовольствиям. К счастью, великопостные три дня воздержания соблюдаются в монастырях и немногих христианских семьях в миру — и этим держится мир. Усиленная молитва и пост в эти три дня ограждают мир от многих духовных падений, которые случаются с людьми обычно во время трёх дней мирских наслаждений.

— Геронда, зачем такая строгость в эти первые три дня святой Четыредесятницы?

— Главным образом для того, чтобы человек встроился в пост и воздержание. Со второй седмицы, когда он станет вкушать пищу уже ежедневно, но один раз в день — вечером, для него это будет слаще царской трапезы. Когда я жил в общежительном монастыре, после первых

---

[10] Постная Триодь поётся начиная с Недели мытаря и фарисея и до Великой Субботы.

[11] См.: *Григорий-монах, ученик святого Василия Нового*. О мытарствах души в час смерти.

дней воздержания суп на воде в четыре часа пополудни мы считали настоящим благословением. Три дня не ел, не пил, а теперь каждый день можешь супчику похлебать — разве это не благословение?

Три дня полного воздержания в начале поста помогают поститься и всю Четыредесятницу. Но если у кого-то действительно нет сил на такую трёхдневную аскезу, то пусть вечером какой-нибудь сухарик сгрызёт или хотя бы держится без еды и воды каждый день до вечера. Тут лучше снисхождение: ведь если человек будет падать в обморок и не сможет духовно трудиться, какая от этого будет польза? Как-то раз во вторник первой седмицы Великого поста старец Варлаам из каливы преподобных Варлаама и Иоасафа пошёл в одну келью, где только что поселились двое молодых монахов, его знакомые. Стучит, стучит — тишина. Отворяет сам дверь и видит, что оба брата лежат без движения. «В чём дело, — спрашивает, — заболели?» — «Постимся без еды и воды!» — говорят. «А ну-ка, вставайте живо, — говорит он. — Ставьте чай, по две ложки сахара на чашку, сухариков поешьте, хоть помолиться сможете, а то уже и чётки в руках не держатся. Что это за пост, какой от него толк?!»

— Геронда, как мне научиться во время Великого поста строже воздерживаться?

— Люди в миру вспоминают о воздержании хотя бы во время Великого поста, тогда как мы, монахи, к воздержанию должны относиться внимательно круглый год. Главное, на что должен обратить внимание каждый из нас, — это душевные страсти, потом — страсти телесные. Если человек отдаёт предпочтение телесному подвигу и не подвизается в искоренении душевных страстей, то он топчется на месте. Как-то раз в начале Великого поста пришёл в один монастырь мирянин, и какой-то монах грубо с ним обошёлся. Однако бедняга имел добрый помысел и не стал его осуждать. Потом этот мирянин пришёл ко мне и говорит: «Я на него, геронда, не обижаюсь, он же после трёх дней строгого поста!» Если бы монах этот три дня постился духовно, то ощущал бы некую духовную сладость и с другими разговаривал бы повежливей. А он горделиво себя принуждал три дня строго поститься, и потому все ему были должны.

— Геронда, о чём мне думать постом?

— Думай о страданиях Христовых, о Его Крестной Жертве. Но по большому счёту, не надо ради этого дожидаться поста — мы, монахи, должны ежедневно переживать Страсти Христовы, ведь в этом нам помогают каждый день церковные песнопения и службы.

Во время Великого поста нам даётся больше возможности для подвига, для более полного участия в спасительных Страстях нашего Господа — покаянием, поклонами, отсечением страстей и уменьшением количества пищи ради любви ко Христу.

Извлечём же на этом духовном поприще максимальную пользу. Именно сейчас у нас исключительно благоприятные условия и наилучшая возможность припасть к распятому Господу, принять от Него помощь. Чем духовнее мы проведём пост, тем сильнее мы преобразимся и тем радостнее встретим Святое Воскресение.

Желаю же вам сил и крепости во время Великого поста, чтобы взойти ко Христу на Голгофу вместе с Пресвятой Богородицей и вашим покровителем святым Иоанном Богословом и стать соучастниками Страстей нашего Господа. Аминь.

«Поклоня́емся Страсте́м Твои́м, Христе́»[12]

— Геронда, как мне стяжать благоговение к Страстям Христовым?

— Прежде всего, надо думать о той великой Жертве, которую принёс за нас Христос, а также о том, насколько мы неблагодарны и грешны. Почитай святых отцов, которые об этом говорят, — это тоже немного тебе поможет. Но гораздо больше тебе помогут сами святые Страсти, сама Жертва Господня. Христос не просто учил нас на словах, — нет, Он принёс Себя в жертву за человеческий род, пострадал, был распят, перенёс столько уничижений и мучений.

— И позорную казнь на Кресте, геронда...

— Да, самую унизительную! Страшно подумать! Все пророки предвозвещали о Христе, а евреи Его били, оплёвывали, издевались над Ним и, в конце концов, распяли! Всё это приводит человека в великий трепет, когда он об этом думает. Даже человека самого равнодушного при наличии хоть капли благого расположения эти размышления пробуждают к духовной жизни.

— Геронда, вечером в Великий Четверг после последования Страстей Христовых я не остаюсь в храме на ночь, а ухожу в келью.

— Жалко. Я-то думал, что хоть капля благоговения у тебя есть! Неужели вы не остаётесь в храме вечером в Великий Четверг? Оставляете распятого Христа в одиночестве и расходитесь по кельям?

— Многие сёстры, геронда, бо́льшая часть, остаются в храме, а мне трудно сосредоточиться из-за того, что

---

[12] Тропарь на девятом часе в Великую Пятницу.

я отвлекаюсь на любой шорох — и поэтому я совершаю бдение в келье.

— Ну, если так, хорошо. Пусть у тебя в келье будет икона Распятия, и ты молись перед ней: «Сла́ва свято́му Распя́тию Твоему́, Го́споди» и «Пресвята́я Богоро́дица, поклоня́емся Страсте́м Сы́на Твоего́». Одновременно делай поклоны — сколько можешь. Этот день нужно пережить, прочувствовать. Я в Великую Пятницу для этого запираюсь в келье.

— В этом году, геронда, в Великую Пятницу я соблюла строгий пост, но вечером во время чина погребения плащаницы не смогла стоять на ногах. Если бы я с достаточным благоговением относилась к Страстям Господа, разве бы позволила я себе сидеть в храме в такой момент?

— Хорошо, что ты так подвизаешься в воздержании. Да и как можно есть в такой день? Кому тяжело, можно перебить голод сухариком. Раньше в монастырях в Великую Пятницу только старые и больные монахи вечером могли выпить чай с сухарём. Некоторые монахи в этот день, подражая Господу, Которому евреи дали на Кресте пить уксус, смешанный с желчью[13], также вкушают немного винного уксуса. Когда я пришёл в монастырь Филофей, то первый год на Страстной седмице ничего не ел. В Великую Пятницу, узнав, что у некоторых в обычае пить уксус, тоже выпил. Но уксус оказался очень крепким, так что я потерял сознание.

— Геронда, почему на Страстной седмице я могу три дня не есть, хотя в обычное время мне тяжело поститься?

— Страстная седмица — это время скорби о страданиях Христа. Если умрёт близкий тебе человек, сможешь ты думать о еде? Когда случилось такое горе, ни есть, ни пить не можешь.

---

[13] См. Мф. 27:34, Ин. 19:28-29.

— Геронда, в эту Великую Субботу мы впервые стали петь «Непорочны» с похвалами — раньше мы их читали[14].

— Я слышал. Но хочу, чтобы вы сказали мне правду. Когда вы пели, то думали о Христе, совершали Его погребение? И сестра, которая возглашала стихи псалма, и вы, сёстры, которые пели тропари — все вы были как на сцене! Что за спектакль вы устроили? Разучили новое музыкальное произведение? Но это совсем по-мирски! Неужели трудно понять? «Непорочны» Великой Субботы — это надгробный плач. Плач! В чём-то другом не так страшно немного увлечься, но здесь Христа мучили, били, оплёвывали, потом распяли, и теперь мы Его погребаем. Если вы даже в такой день не чувствуете, что поёте, то не знаю, чем я вообще могу вам помочь.

— Геронда, а по афонскому уставу в Великую Пятницу колокола звонят погребальным звоном?

— Колокола звонят, когда выносится Плащаница.

— А в течение дня тоже совершается погребальный звон?

— Это что, настолько важно, где и как звонят? Главное, чтобы звон, возвещающий о погребении Христовом, звучал в моём сердце.

«Воскресения день»

— Геронда, тут приезжали паломники с детьми, и детки порадовались: «Ой, какие у вас тут яички красные-распрекрасные!»

— Не давайте детям застревать на красивеньком, а то они остановятся на внешнем и не будут искать глубин-

---

[14] Согласно древней церковной традиции, в Великую Субботу поётся 118 псалом («Непорочны»), стихи которого чередуются с пением погребальных тропарей, именуемых похвалами. — *Прим. пер.*

ного смысла. Скажите только, что красное яйцо символизирует земной шар, который обагрился Кровью Христа, и весь мир искупился от греха.

— Геронда, меня поражает дерзновение жён-мироносиц.

— Мироносицы без остатка доверяли Христу, в них горела божественная любовь, поэтому они пренебрегали всеми опасностями. Если бы в них не пламенел огонь божественной любви, разве они бы решились на это? На рассвете, в ранний час, когда ещё запрещено было появляться на улице, они с ароматами в руках отправились ко святому Гробу Господню по любви ко Христу. Потому и удостоились услышать от ангела радостную весть Воскресения.

— Геронда, а как нам ощутить радость Воскресения?

— Чтобы пришла настоящая радость, надо возделывать в себе радостотворную печаль. Если мы благочестно и в умилении проживём Страстную седмицу, то в духовном ликовании и священном веселии встретим Святое Воскресение.

— Геронда, у меня в пасхальную ночь почему-то особо радоваться не получается…

— Бывает и такое — ведь всю Страстную седмицу мы переживали скорбь Страстей, особенно накануне в Великую Пятницу. А так как чувство скорби глубже чувства радости, то мы не можем за один день преодолеть это душевное состояние. Не то что душа не радуется Христову Воскресению, нет. Она не радуется ему настолько, насколько требует этот светлый день. Но постепенно в течение Светлой седмицы, которая вся как один сплошной пасхальный день, боль Страстной седмицы уходит и душа наполняется пасхальной радостью. Уже на второй день человек начинает чувствовать Пасху.

— Почему, геронда, в некоторых монастырях совершают крестный ход и на второй, и даже на третий день Пасхи?

— Чтобы распространить пасхальную радость вокруг себя.

— Что, и в колокола звонят, геронда?

— На Светлой седмице и в колокола звонят, и в би́ла, клепа́ла и сима́ндры[15] радостно клеплют, и сердце поёт, переживая «Воскресе́ния день»[16].

Небесного веселия Христова
И радости пасхальной непрестанной
Со сладким безмятежным непокоем
Дай Бог всегда моим духовным сёстрам!

---

[15] *Би́ло* — большое деревянное подвесное полотно. *Клепа́ло* — металлическое подвесное. *Сима́ндр* — деревянное переносное. — *Прим. пер.*

[16] Ирмос первой песни Пасхального канона.

ГЛАВА ВТОРАЯ
ОБ ОБЩЕЙ МОЛИТВЕ

Храм — дом Божий

— Геронда, многие люди считают, что ходить в церковь не обязательно.

— Люди не понимают, какой глубокий смысл в посещении храма, и, пренебрегая домом Господним, они собственными руками перерезают кабель, соединяющий их с Богом. Откуда они потом помощь смогут получить? К сожалению, большинство христиан не участвуют в церковных таинствах и потому подпадают под бесовское воздействие.

Я всегда говорю мирянам, чтобы они ходили в храм — это дом Самого Бога, он освящает человека, там получаешь Божественную благодать. Одной мысли об этом достаточно, чтобы прийти в трепет. В храме на нас смотрят Христос, Божия Матерь, святые, там мы просим у них помощи, можем просто говорить с ними. Оставаясь за порогом, мы упускаем возможность жить таинствами. Там, в храме Господнем, за нас приносится в жертву Христос и даёт нам Свои Тело и Кровь. Разве это не должно нас приводить в великий трепет?

— Геронда, сейчас из-за болезни я не хожу в храм. Как же мне не хватает церковной службы!

— Сейчас тебе нужно немного потерпеть. Когда я служил в армии и мы участвовали в операции в горах[1], то — представь себе! — я семь месяцев не видел храма. Однажды меня отправили в Навпакт, чтобы отремонтировать несколько раций, и я должен был тут же вернуться обратно. Я сделал что нужно и на обратном пути остановился у церкви при дороге. Был Великий пост, и в храме пели Акафист Пресвятой Богородице. Втиснуться я не мог, рации оставить без присмотра тоже было нельзя, да и времени у меня было в обрез. Только пять минут постоял я у церковной двери. Знаешь, как я расстроился? Как ребёнок плакал! «Боже мой, — жаловался я, — до чего я дошёл! С детства приходил в храм раньше пономаря. А теперь уже семь месяцев не был в храме!»

— Геронда, когда я сразу с послушания в архондарике прихожу в церковь, то не могу сосредоточиться на службе.

— Из архондарика ты идёшь в храм. А из храма иди на Небо, а потом иди ещё дальше — к Богу.

— Да, но как это сделать, геронда? Думать о славе Божией?

— Храм — это рукотворный дом Божий здесь, на земле. Но нерукотворный дом Божий — в раю, как и наш настоящий дом — тоже в раю.

Сила совместной молитвы

— Геронда, иногда я ощущаю необходимость вместо службы побыть в келье и помолиться по чёткам, сделать поклоны, почитать правило или духовные книги…

---

[1] Речь о Навпактских горах в Западной Греции.

— Разве ты можешь службу передвинуть? Не можешь. А свои келейные занятия ты можешь сдвинуть и на другое время.

— Да, но в церкви, геронда, я не всегда чувствую то благодатное изменение, какое ощущаю при молитве в келье.

— Гляди, частная молитва — это приуготовление к соборной. Твоя молитва в храме по качеству может быть ниже келейной, потому что в храме ты не чувствуешь себя настолько свободно, как в уединении. Но соборная молитва в храме намного сильнее, потому что там молятся все вместе: у одного в молитве больше энергии, у другого больше теплоты, у третьего чего-то ещё... Поэтому в те два-три часа, пока длится служба, ты тоже должна быть в церкви и молиться вместе со всеми. Что сказал Христос? *Идѣже бо естá два или́ триé со́брани во и́мя Моé, ту есмь посредѣ́ ихъ*[2].

— Геронда, я себя духовно лучше чувствую, молясь в келье — на службе я слишком рассеиваюсь.

— Тебе только кажется, что твоё «духовное самочувствие» в келье лучше. Правильное духовное устроение у тебя будет, если ты будешь подвизаться на молитве в церкви, сосредотачиваться и творить молитву Иисусову во время богослужения. Учись преодолевать трудности среди трудностей — иначе их не преодолеешь. Разве научится воевать тот солдат, которому на всех учениях выдают не боевые, а только холостые патроны?

— Геронда, а я разрываюсь на службе, потому что у меня не получается одновременно совершать молитву Иисусову и следить за чтением и пением.

— Зачем ты разрываешься? Может быть, вся эта тревога оттого, что ты говоришь себе: «Вот сейчас ка-а-ак

---

[2] Мф. 18:20.

преуспею в умной молитве, ка-а-ак стану богачкой!»? Но в этом есть скрытый эгоизм, гордость. Это не значит, что ты не подвизаешься; мой пример — это преувеличение. В тебе есть благое расположение, и Христос тебе поможет. Встань, как дитя, перед Богом, и ни о чём не думай. Будь попроще — и увидишь, какую благодать подадут тебе Христос и Божия Матерь. Входя в церковь, представляй, что взошла на корабль, предавай себя в руки Божии, и пусть этот корабль везёт тебя куда надо.

— Геронда, я на службах клюю носом, так что иногда совсем не могу сосредоточиться. И потом помысел мне говорит: «И что из того, что ты была на службе? Всё равно ведь не молилась!..»

— Может быть, ты зеваешь или носом клюёшь, но корабль идёт и идёт к своей цели. На корабле ведь как: один ворон считает, другой зевает, третий спит, а корабль всё равно приближается к заданной цели. Но ты лучше неси вахту и бодрствуй.

— Геронда, если ум во время службы не молится, то богослужение утомляет.

— Да, потому что тогда человек остаётся некормленым. Когда ум не улавливает священные смыслы, тогда служба превращается в телесное упражнение — пусть и ради любви Божией. И даже тот, кто на службе клюёт носом, но сопротивляется сну, имеет немалую награду. Стаси́дия[3] в храме — не для сна, на это у тебя койка в келье стоит. Как-то раз двое мирян приехали на Афон и попали на всенощное бдение. Они всё бдение проспали в монастырской гостинице, а в храм пришли уже перед славословием[4]. Монах в соседней стасидии то и дело кле-

---

[3] *Стаси́дия* — деревянное кресло с высокой спинкой и откидным сиденьем, в котором можно как стоять, так и сидеть. Стасидии располагаются в греческих храмах вдоль стен. — *Прим. пер.*

[4] То есть в самом конце бдения.

вал носом, но старался не заснуть. Один из мирян, увидев это, говорит другому: «Гляди, монах дрыхнет!» На что тот ответил, как благоразумный разбойник[5]: «И не стыдно тебе? Мы столько часов спали и только сейчас пришли. Что, думаешь, он не мог пойти к себе в келью поспать? Конечно, не на перине, но хоть на топчане каком-нибудь».

— А я, геронда, не испытываю радости от богослужения.

— А нам всё радость нужна? Ты находишься в храме ради Христа — а при этом стоишь в стасидии, опираешься на подлокотники, отдыхаешь. Размышляй так: «Христос распростёр руки Свои на Кресте, а я стою, молюсь, да и ещё и отдыхаю при этом!..» Говори себе так, и перестанешь унывать на службе.

— Геронда, а во время службы можно посидеть?

— Если трудно, можно немного посидеть. Но если можешь, лучше молись стоя. Это нужно делать не потому, что «так положено», а от души. Если предписывать себе: «Я должен пойти в церковь, встать в стасидию, смотреть в пол и стоять не шелохнувшись», это всё получится искусственным, шаблонным.

— Часто, геронда, я не могу сосредоточиться в церкви, потому что от долгого стояния начинают болеть ноги. Что мне делать?

— А ты вспоминай деревянные колодки, в которые забили ноги Христа, и говори: «Слава Богу за то, что мне больно». Тогда будешь забывать свою собственную боль, сердце твоё усладится и молитва станет сердечной.

---

[5] Имеется в виду один из двух распятых со Христом разбойников, сказавший другому: *Или ты не боишься Бога, когда и сам осуждён на то же? И мы осуждены справедливо, потому что достойное по делам нашим приняли, а Он ничего худого не сделал* (Лк. 23:40-41).

ГЛАВА ТРЕТЬЯ
ОБ УЧАСТИИ В ТАИНСТВЕ БОЖЕСТВЕННОЙ ЕВХАРИСТИИ

Таинства переживаются личным опытом

— Геронда, когда я молилась на Литургии, меня до дрожи проняло осознание того, что Христос распялся ради меня, и я подумала: «Господи, а что я сделала для Тебя?» Скажите, геронда, что я могу сделать в благодарность Христу?

— Достаточно того, что ты это переживаешь. Христос был распят, Он принёс Себя в жертву за нас и теперь даёт нам Свои Тело и Кровь. Человек, когда размышляет об этом, должен пламенеть.

— Геронда, как проникнуться таинством Божественной Евхаристии?

— Живи Божественной Евхаристией. Чтобы проникнуться этим великим таинством, нужно уверовать в то, что здесь и сейчас присутствует Сам Христос. И не поверить только, а жить этим.

— Геронда, что мне поможет сосредоточиться во время Литургии?

— В Божественной Литургии участвуют святые ангелы. «А́нгельскими неви́димо дориноси́ма чи́нми»[1], — поём мы.

---

[1] Херувимская песнь. Этот богослужебный гимн призывает нас встретить Христа с не меньшим почётом, чем византийского императора, который шествовал в город в окружении почётной стражи копьеносцев. — *Прим. пер.*

Думай о том, что происходит в этот момент, внимательно слушай прошения ектений и от сердца молись: «Господи, помилуй!» Сколько же драгоценных «Господи, помилуй» вы пустили по ветру! Полный клирос выводит красивые «Ки́рие, эле́йсон», множество сестёр этим услаждается, а десятки сердец остаются безучастными. Но какая от этого польза? И даже если ваше внимание сосредоточено на молитве Иисусовой, но в ней нет боли и сострадания, — всё это бездарная растрата.

— Геронда, на всенощных бдениях я так утомляюсь, что к началу Литургии у меня сил почти нет.

— В этом нет ничего удивительного, но нужно бороться. Если проявишь терпение и станешь себя понуждать, придёт помощь от Бога и почувствуешь прилив сил. Преодолеется усталость, и даже после бдения спать не захочется, такое ощутишь расположение к духовным занятиям, что хватит на весь день.

— Геронда, во время Литургии разрешается сидеть?

— Обычно на Литургии не сидят. Если тяжело, можно посидеть, когда читается Апостол. Но если у человека серьёзные проблемы со здоровьем и он не может стоять, тогда можно сидеть. Хотя сам я во время Литургии никогда не сажусь.

— Геронда, когда священник возглашает: «Твоя от Твоих...» — как Вы молитесь?

— Так как в этот момент снисходит Святой Дух, то я про себя читаю «Царю́ Небе́сный», «Благослове́н еси́, Христе́...»[2] и «Егда́ снише́д...»[3] и молюсь о Божественном просвещении.

---

[2] Тропарь Пятидесятницы.
[3] Кондак Пятидесятницы.

Приготовление к Божественному Причащению

— Геронда, как надо готовиться к Божественному Причащению?

— Вообще-то готовым надо быть всегда… Но, когда собираешься причащаться, хорошо побольше помолиться, побольше почитать Писание и духовные книги… Очень полезно самостоятельно прочитать последование к Божественному Причащению в келье, несмотря на то что ты будешь слушать его ещё и в храме[4]. Так ты будешь лучше понимать смысл этих молитв и глубже чувствовать собственную греховность. Ещё можно петь первую песнь Великого покаянного канона[5] и из «Феотокария» первую песнь канонов понедельника и среды пятого гласа, делая при этом поклоны.

— Геронда, а что я могу сделать во время Литургии, если я не смогла заранее приготовиться ко Причастию?

— Ты что, после возгласа «Благословенно Царство» собралась правило дочитывать? Пойми, Христос не прокурор; если на самом деле у тебя не было возможности подготовиться, Он это знает. Тебе помешали подготовиться препятствия, которых ты не могла избежать, — или ты сама стала для себя препятствием? Бывает, что верующий из-за навалившихся дел не успевает даже правило ко Причастию прочитать и подходит к Святой Чаше как дубина стоеросовая. Тогда нужно иметь смиренные помыслы: «Боже, прости меня, дубину такую». Бог смотрит на сердце. Часто человек думает, что готов причащаться,

---

[4] Последование к Божественному Причащению обычно читается в храме во время утрени.

[5] Великий канон, творение святого Андрея Критского, поётся по частям в первые четыре дня Первой седмицы Великого поста на великом повечерии и полностью на Пятой седмице на великом повечерии в среду и на утрене в четверг.

а в действительности не готов; а в другой раз считает себя неготовым — и вот тогда-то готов. Лучшая подготовка — это смиренный подход, сокрушение, любочестие.

Подготовка к Причастию не в том состоит, чтобы переодеться и почистить зубы. Главное, чтобы человек испытал себя: ощущает ли он Божественное Причащение как потребность? В ладу ли он со своей совестью? Может, есть что-то, что препятствует ему причаститься и до сих пор остаётся неисповеданным? Чтобы проникнуться Святыми Телом и Кровью, должны быть добрые предпосылки. Главное — смиренное стремление отсечь свои страсти, чтобы из сердца не захотел уходить Христос. Иначе Христос вселяется в нас в Божественном Причащении, но… тут же уходит, и мы ничего не чувствуем. А вот когда Христос остаётся надолго, в человеке совершается некое изменение. Есть люди, которые непрестанно ощущают в себе Христа — от одного Причастия до другого без перерыва.

— Геронда, бывает, что священник возглашает: «Со стра́хом Бо́жиим, ве́рою и любо́вию приступи́те»[6], — а я чувствую, что не готова причащаться.

— В больницах в определённое время палаты обходят врачи, и медсёстры объявляют громко: «Обход!» Тогда все посетители выходят из палат, а больные расходятся по своим койкам и ждут врача, чтобы рассказать ему о своём самочувствии и получить соответствующие указания насчёт лечения. Так и ты, когда священник говорит: «Со стра́хом Бо́жиим…» — представляй, что пришёл Врач, и подходи к Божественному Причащению с сознанием собственной греховности, смиренно прося милости Божией.

---

[6] В русской традиции этот возглас звучит чуть иначе: «Со стра́хом Бо́жиим и ве́рою приступи́те». — *Прим. пер.*

Божественное Причащение — самое действенное лекарство

— Геронда, Вы очень устали на Литургии[7]; не нужно Вам было оставаться и слушать благодарственные молитвы.

— Да что же ты такое говоришь? Я причастился Святых Таин Христовых, неужели же даже «спасибо» не скажу Богу? Только в случае сильной нужды можно уйти раньше. И ты никогда не уходи, слушай благодарственные молитвы и без конца повторяй: «Благодарю Тебя, Боже мой, благодарю Тебя! Слава Тебе, Боже, слава Тебе, Боже!» — и сердце Твоё будет ликовать.

Как-то раз я пошёл на Литургию в одну келью. Сильно устал и измучился, к тому же был голоден, потому что готовился причащаться. Печки там не было, и всю службу я простоял, дрожа от холода. Но как только причастился, тут же почувствовал, как по телу разливается тепло. Знаешь, как в нагревателях со спиралью — электрический ток идёт по спирали, она накаляется; то же самое чувствовал я во всём теле. Постепенно всё тело стало гореть огнём. Сладким огнём!

— *Гореть, но не сгорать*[8], геронда…

— Да, гореть… Сладким огнём! Нет потом ни голода, ни усталости, ни холода!..

— Сколько это продолжалось, геронда?

— Я чувствовал это в храме, сразу после причастия, и потом, когда уже ушёл, всю дорогу было жарко!

— Геронда, отчего некоторые люди, физически слабые и болезненные, хорошо переносят пост?

— Их секрет в смиренном и любочестном подвиге, который сопровождается молитвой и приобщением Пречистых Таин. Они питают Святыми Тайнами Христовыми

---

[7] Сказано в июне 1994 года, за месяц до преставления преподобного Паисия.
[8] Исх. 3:2.

свою душу, питают ими и своё тело. Когда мы причащаемся, то принимаем самое действенное лекарство: Тело и Кровь Христовы.

ГЛАВА ЧЕТВЁРТАЯ
«ПО́ЙТЕ БО́ГУ НА́ШЕМУ, ПО́ЙТЕ»[1]

Церковное пение — это молитва

— Геронда, я часто хожу помогать на клирос, потому что чувствую: это — моя обязанность. Я правильно делаю?

— Церковное пение — это тоже одно из монастырских послушаний. Поэтому священник молится и «о поющих»[2]. Певчий представляет весь народ, который стоит в храме. Но и люди тоже должны умом говорить: «Господи, помилуй», а не ждать, что они духовно преуспеют только от «Господи, помилуй» певчего.

В древности все верующие пели вместе, и по церковным правилам так и должно быть. Однако среди членов церковной общины есть люди с разными способностями, поэтому, чтобы избежать пауз и путаницы в пении, Церковь стала выбирать из своей среды благоговейных людей с певческими способностями и определила, чтобы пели только они. С того времени остальные молящиеся поют не устами, а умом, и, слушая певчих, радуются тому, что посвятили Богу из своей среды людей, которые Его красиво прославляют.

---

[1] Пс. 46:7.
[2] Одно из прошений на ектенье.

— Геронда, а что приносит Богу тот, кто не поёт, а просто слушает церковное пение?

— Когда человек слушает славословие Бога и благодарит Его — разве такой человек не угоден Господу? Это тоже приношение Богу.

— Геронда, бывает, что всенощное бдение совершается ради какой-то определённой нужды[3]. Как мне молиться об этой нужде, если я пою на клиросе и моё внимание сосредоточено преимущественно на книгах и пении?

— Перед началом бдения ты можешь помолиться об этой нужде, и потом, когда ваш клирос не поёт, молись по чёткам. Кроме того, если на протяжении всей службы твой ум вместе с сердцем постоянно сосредоточены на том, ради чего совершается молитва, то поёшь ли ты, читаешь ли Псалтирь, каноны, участвуешь ли в богослужении иным образом, — всё это молитва о конкретной нужде. Ты знаешь, когда мы служим всенощную ради какой-то нужды, то ей посвящены только два-три прошения на ектении. Всё остальное определяется обычным уставом, однако же вся всенощная посвящена этой нужде.

Доброе духовное состояние

— Геронда, у меня плохо получается петь. Помысел говорит мне, что это из-за того, что у меня дикция не в порядке.

— Но ведь и в сердце у тебя бывает не всё в порядке. Когда внутри беспорядок, то и петь не получается. Пение зависит от твоего внутреннего состояния, за ним следи. Если человек со слабеньким голосом находится

---

[3] Бывают бдения не только в честь праздников, но и по причине особых обстоятельств — пожаров, болезней, в благодарность о чём-то и т. д. — *Прим. пер.*

в добром духовном состоянии, то заливается как соловей, а если в недобром — то пищит как комар. А у другого поставленный голос, но человек не в добром устроении — и вместо пения он бубнит, как старый дед. Когда поёт одна сестра, вы сами можете слышать, в каком состоянии она находится[4].

— Геронда, когда мы поём в храме, то следим за тем, чтобы не сфальшивить.

— Конечно, нужно следить, потому что всё должно совершаться *благообра́зно и по чи́ну*[5]. Но прежде всего нужно заботиться о том, чтобы в душе было благообразно, чтобы было всё в порядке как внутри, так и в отношениях с Богом. Когда человек поёт, не имея доброго духовного устроения, это хуже фальшивых нот. Доброе пение вызывает изменение к лучшему, а плохое — к худшему, и люди не могут молиться. Если у человека внутри неблагополучно, если у него неправые помыслы, мелочность в душе, то что хорошего он может спеть? Как он ощутит райскую сладость, чтобы петь от сердца? Потому и говорится: *Благоду́шствует ли кто? да пое́т*[6]. По-хорошему, у тех, кто поёт в храме, должно быть более чуткое и нежное сердце и более сладостное и радостное внутреннее устроение, чем у других братьев и сестёр. Ну сами подумайте: как человек станет петь «Свете тихий», если сам он не имеет в себе света?

Всё дело в благочестии

— Геронда, когда мне говорят, что я плохо пою, я стараюсь понять, что мне нужно исправить в технике пения.

---

[4] Обычно на буднях стихиры и тропари сёстры поют по очереди. — *Прим. пер.*
[5] 1 Кор. 14:40.
[6] Иак. 5:13.

— Тебе нужно стараться приобрести монашеское устроение, благоговение, рассуждение, а не думать об исполнительском мастерстве, чистой технике. Мастерство без благоговения — это грим: нечто внешнее, ненатуральное, неестественное. В миру некоторые певчие по нужде «гримируют» свой голос, чтобы их взяли петь в собор, чтобы получать больше зарплату. Говорят: «Если меня поставят на небольшой приход, то чем я буду жить?» У них, в конце концов, есть оправдание, им надо семью кормить, потому и поют манерно, и кричат. Но у монаха нет оправдания, он должен петь натурально. Смотрите, чтобы ваше пение было естественным, умилительным, пойте для Бога, а не ради искусства пения. В пении нужно отличать внутреннее и сердечное от внешнего и искусственного.

— Геронда, может, виноват мой голос, что я пою по-мирски?

— Не голос твой виноват, а приходская манера пения. Ты поёшь с какой-то мирской напыщенностью, как поют некоторые певчие, которых ты слышала до прихода в монастырь. Твоё пение ненатурально. Не насилуй свои связки. Знаешь, как это утомляет слушающих? Пой от души, делай это естественно.

— Может быть, геронда, мне лучше какое-то время совсем не петь?

— Нет уж, пой. Будешь слушать других сестёр, и постепенно это мирское уйдёт. На Афоне тоже молодые монахи сначала поют по-мирски. Если у них нет ещё монашеского опыта, то как они станут петь по-монашески? Раньше афонские певчие меньше общались с мирскими певчими — и пели более по-монашески. Теперь, когда стали больше общаться, немного сбились с курса: ведь и дыни теряют свой вкус, если растут рядом с какой-нибудь тыквой.

Всё дело в благоговении. Без благоговения церковное пение подобно выдохшемуся вину, оно как расстроенный музыкальный инструмент, который только раздражает. И нет разницы, поёт ли человек громко или тихо, главное, чтобы пел с благоговением. Тогда и тихое пение звучит смиренно и сладостно, а не сонливо. И громкое — сильно и сердечно, а не дико. У отца Макария Бузи́каса[7] был громовой голос, но пел он естественно, благоговейно и с умилением, чувствовалось, как сердце у него трепетало, — и твоё при этом замирало. «Всю душу тебе переворачивает», — говорил про него один старый монах. Отец Макарий один жил на Капсале, в келье монастыря Ставроникита. Ниже жил румын, он не особо умел петь, но отличался благоговением. Вечером выходил отец Макарий на балкон своей кельи и начинал петь «Отве́рзшу Тебе́ ру́ку»[8], а другой стих продолжал румын снизу! Ох, что же это была за красота!

Большое дело, когда у певчего есть благоговение. Знаете, как это важно? Сам он внутренне изменяется, а так как это внутреннее изменение изливается и наружу, то и тот, кто его слушает, изменяется добрым изменением. Так их совместная молитва становится благоугодной Богу.

Священные смыслы уязвляют сердце

— Геро́нда, мне нравится второй глас.

— Второй глас — чисто византийский. Ни на каком западном инструменте его нельзя сыграть, только на скрипке. Видишь, турки взяли музыку из Византии — и как умилительно поют! Но о чём они поют в своих песнях?

---

[7] *Монах Мака́рий Бузи́кас* (1886–1965) — певчий, живший в одной из келий, принадлежащих монастырю Ставроникита. — *Прим. пер.*

[8] Пс. 103:28. Стихи этого псалма, начиная с 28-го и до конца, поются на праздничных всенощных службах.

«Залью я горе узо, набью я мясом пузо, вах-вах, о-о-о!..» Турки приходят в экстаз, когда поют про стакан узо и кусок мяса! А мы поём о Христе, Который был распят, принёс Себя в жертву, — и остаёмся безучастными?

«О, треблаженное древо, на немже распяся Христос, Царь и Господь…»[9] Стоит подумать человеку о страданиях Христовых, он умиляется до слёз. Недалеко от кельи Честного Креста я как-то нашёл кусок балки, длиной примерно метр, и тут же вспомнил Крест Христов. Принёс её в келью и припал к ней, словно это был Крест Христов. О, как билось моё сердце! Я не выпускал её из рук даже во сне!..

— Геронда, Вы тогда думали о распятии Христовом?

— Только о распятии и больше ни о чём! Я ощущал себя на Голгофе, словно обнимаю Честной Крест. Если бы это был сам Честной Крест, не знаю, было бы у меня сильнее чувство. Сердце у меня разрывалось, слёзы лились. Сердце так стучало, что готово было разорвать грудную клетку. Я прижимал к себе это древо, чтобы не треснули рёбра. А вы? Берёте книжку с последованием службы Кресту, поёте: «Кресте Христов, христиан упование»[10], — а ум ваш непонятно где. Как тогда измениться душе? Ах, если заработает сердце, если изменится душа — какой начнётся тогда престольный праздник! Вы бывали когда-нибудь на престольном празднике целого города?

Когда человек следит умом и сердцем за тем, что он поёт, то начинает становиться благоговейным, к нему приходят и умиление, и всё остальное. Поэтому ухватывайте божественные смыслы, чтобы они пронзали сердце. Если одно слово пробьёт изоляцию нашего сердца, тогда

---

[9] Ирмос пятой песни канона праздника Воздвижения Честного Креста Господня (14 (27) сентября).
[10] Стихира по 50-м псалме на утрени праздника Воздвижения Честного Креста Господня.

человек воспрянет, внутренне воспарит, духовно изменится — и остальные слова богослужения потекут в его сердце беспрепятственно, и это духовное изменение затронет всё его существо. Когда я слышу «изумева́ет же ум и преми́рный пе́ти Тя, Богоро́дице»[11], мой ум «изумева́ет», то есть отказывается работать, и я чуть не теряю сознание. А когда слышу «Благовеству́й, земле́, ра́дость ве́лию»[12], знаете, что со мной делается? Сердце трепещет от радости, и всё тело дрожит какой-то сладостной дрожью. Но если проходить мимо смысла того, что поётся и читается в церкви, то ни в сердце, ни в теле человека ничего не меняется.

— Геронда, а мне очень нравятся старинные солдатские песни о Родине.

— Старинные солдатские песни пробуждают любовь к Родине, вдохновляют на подвиги, воодушевляют и поднимают на борьбу. В годы немецкой оккупации был один слепой музыкант с дудочкой — знаете, сколько людей он поднял на борьбу? С какой болью исполнял бедняга «Будь здоров, бедный народ»! Он сострадал всему народу, и его боль слышалась в звуках дудочки. Потом он протягивал шляпу и просил подаяния. Немцы говорили: «Слепой, что с него взять», и не трогали, даже бросали деньги! А он своей музыкой… проповедовал! Люди тогда были в отчаянии, а он зажигал в душе огонь, и многие проникались решимостью и уходили прямо в горы Джумерка в партизанские отряды Зерваса[13]. Представьте теперь: так

---

[11] Ирмос девятой песни первого канона праздника Богоявления Господня.
[12] Припев на девятой песни канона праздника Благовещения Пресвятой Богородицы.
[13] *Зе́рвас Наполео́н* (1891–1957) — политический и военный деятель, один из главных борцов национального Сопротивления во время немецкой оккупации. Ко времени окончания оккупации военные силы Зерваса контролировали бо́льшую часть греческих областей Этолоакарнании и Эпира, где находятся горы Джумерка.

же всё оставить и пойти на духовную брань из любви ко Христу!

Когда я слышу звуки марша, на мои глаза наворачиваются слёзы… Сразу думаю о войне, о борьбе за освобождение, о героях, которые проливали свою кровь, которые были убиты. Когда слышу церковные покаянные тропари, сердце сокрушается. Слышу пасхальные стихиры — ликую. А когда сам пою, ум мой — в Боге, а сердце трепещет. Если пою скорбные стихиры — болею душой и пою печально. Пою радостные — торжествую. Поймите, что начинать надо со смысла. Ум сосредоточен на божественных смыслах? Тогда человек духовно изменяется, сердце горит и воспринимает это духовное умиление с духовной радостью. Но если ум не там, где должен быть, то нет ни умиления, ни радости.

Музыку сочиняет сердце

Церковное пение — это не только молитва, но и в некотором смысле «безумство», сердце как бы прорывается и через его край хлещут духовные сердечные чувства. Когда человек думает о Христе, о рае, тогда поёт от сердца. А когда по чуть-чуть начнёт вкушать небесного, то в каждом песнопении слышно взыграние его сердца. Даже если ум не погружён в слова, а есть только мысль о рае, и тогда трепещет сердце — как у соловья. Когда он поёт, то и сам весь трепещет, и ветка, на которой он сидит, вся дрожит. Он словно говорит: «Не трогайте меня, мне ничего не нужно, я совсем-совсем с ума сошёл!»

— Геронда, у меня есть помысел, что пение по нотам у меня получается более сухим, а по памяти — более сердечным.

— Ноты нас несколько сковывают, а сердце нельзя сковать. Когда начинает работать сердце, звуки вырываются из границ и летят в безграничность, и тогда пение становится небесным! Тогда, даже если где-то сфальшивишь, всё равно чувствуешь сладость, потому что она льётся из сердца.

— Геронда, как этого можно добиться в случае, если певчий поёт не один, но с хором?

— Если протопсалт[14] поёт от сердца, то остальные поющие заражаются от него, заводятся — в хорошем смысле этого слова.

— Геронда, а если протопсалт поёт не от сердца? Разве может тогда другой певчий петь от сердца? Он ведь будет следовать ритму и тону, которые задаёт протопсалт.

— То есть что же, по-твоему, протопсалт и сердце у него забирает? Сердце тут ни при чём. У певчего может быть самый слабый голос в хоре, но если в пение он вкладывает сердце, то и петь будет от сердца, потому что по-другому не может. Поёт, а внутри у него всё переворачивается, сердце трепещет и на глаза наворачиваются слёзы. Понятно? Ни протопсалт, ни другие певчие ему не мешают. Так что не будем себя оправдывать. По-моему, женщинам совсем нет оправдания, когда они не поют от души, сердечно и с умилением — ведь у них от природы есть эта сердечная любовь и нежность.

— Геронда, у меня вот такой помысел: мы передаём настроение песнопений, но только поверхностно.

— Настрой в церковном пении исходит изнутри, из сердца. Когда ум сосредоточен на смысле, это и даёт сердечный настрой — сердечный трепет! Музыку сочиняет сердце. Сила, сострадание, боль, которые есть у человека внутри, рождают чувство, жизнь, пульс, и это придаёт

---

[14] *Протопса́лт* (греч. «первый певчий») — главный певчий в хоре, регент. — *Прим. пер.*

сладость церковному пению. И если вы вникнете во внутренний смысл, знаете, как будете петь?!

— Уразумеем, что вы от нас хотите, геронда.

— Не просто уразумеете, а вместе со мной разум потеряете! Смотри, некоторые музыканты специально перед тем, как играть, сначала выпивают вина и потом поют с душой, их движущая сила — вино. А вы будьте опьянены божественным огнём и Святым Духом[15]!

---

[15] См.: Мф. 3:11.

ЧАСТЬ СЕДЬМАЯ

О ЦАРСТВЕ СЛАВОСЛОВИЯ

«Обращайтесь в духовной сфере, в царстве славословия. „Слава Тебе, Боже, слава Тебе, Боже", — повторяйте эти слова постоянно».

ГЛАВА ПЕРВАЯ
О СЛАВОСЛОВИИ БОГА

В славословии тоже присутствует покаяние

— Геронда, я не подвизаюсь как должно, и это меня огорчает.
— Будь внимательна и славь Бога.
— Геронда, а я больше прошу Бога о прощении, чем Его славословлю.
— Просить о прощении — тоже дело хорошее, но всё-таки лучше Его славословить. В славословии есть и покаяние, которое приносит Божественное утешение, так как оно содержит в себе смирение. «Слава Тебе, Боже» значит и «прости мне, Боже мой, мои грехи, чтобы я Тебя славословил, как Тебя славословят ангелы».

— Иногда, геронда, я начинаю молитву не с того, что прошу Бога помиловать меня, грешную, но со славословия. Может быть, это неправильно?
— Это как раз правильно. Разве мы не говорили о том, что в славословии есть и покаяние? К славословию склонны жизнерадостные люди. Видишь ли, если кто-то по любочестию сильно сожалеет о каком-нибудь своём падении и потом показывает покаяние, то этим приводит Бога в умиление. А человек иного склада, покаявшись, благодарит и славословит Бога день и ночь за избавление от прежней грешной жизни, и Бог радуется любочестию Своего чада.

Славословие есть выражение величайшей благодарности

— Геронда, ну что же это за дождь прошёл: листья совсем сухие остались![1]

— Что тебе на это сказать? Даже такой дождь, который лишь смочил листья, — разве этого мало? Я, когда увидел на небе тучки, не мог заснуть от чувства благодарности к Богу. «Боже мой, — говорил, — мы недостойны дождя». Остерегайтесь неблагодарности. Благодарите Бога за всё, что Он вам даёт.

— Геронда, когда Бог исполняет наши просьбы о нуждах монастыря, как нам выразить Ему свою благодарность?

— Отслужите бдение, чтобы поблагодарить Бога, пославшего помощь через Своих святых. И всегда держитесь такого правила: после любого прошения, когда просите горячо и от сердца, как только Благой Бог его исполняет — воздавайте сердечное славословие, благодарите с радостью.

— Геронда, как воздавать Ему славословие?

— Славословие можно воздавать вслух[2], а можно и одним лишь сердцем, в последнем случае — это славословие внутреннее.

— Геронда, а в славословии всегда есть благодарность?

— Ну а какое славословие без благодарности? Разве ангелы не благодарят Бога, когда Его славословят?

— Геронда, какая разница между славословием и благодарностью?

---

[1] Сказано во время сильной засухи, когда в один день прошёл небольшой дождик.

[2] В знак благодарности Богу можно читать славословие «Тебе слава подобает…» или творить молитву по чёткам, произнося: «Слава Тебе, Боже наш, слава Тебе».

— Славословие — это радостная благодарность, излияние благодарности, взыграние, которое исходит изнутри, из сердца. Человек может не помнить наизусть всех слов какого-нибудь тропаря, может знать половину, вставлять свои слова, но сердце всё равно будет трепетать от радости. Если вы благодарите Бога за Его богатые благодеяния, то благодаря и славословя, почувствуете всё богатство Его Благости.

С благодарности Богу начинается славословие

— Геронда, наше чувство благодарности к Богу — это славословие?

— Чувство благодарности — это главное. Именно с него и начинается славословие.

— Геронда, а как приобрести чувство благодарности Богу?

— Чтобы ощутить в душе благодарность Богу, очень полезно наблюдать за собой, правильно вести себя с ближними и быть благодарным людям. Тот, кто чувствует благодарность своему ближнему и за малое благодеяние, несомненно, и ко Христу, Который подавал и обильно подаёт нам Свои благодеяния, будет испытывать несравнимо большую благодарность. Так человек постоянно будет преисполнен благодарности, ведь в то время, когда он будет думать, как бы выразить свою благодарность Христу, Господь будет подавать ему ещё большие благословения, так что любочестная душа будет просто таять от любви к Нему. Ведь если у человека есть духовная восприимчивость и он постоянно благодарит Бога за Его даже самые малые дары, то и Бог отвечает на это ещё большими благодеяниями.

— Геронда, о благодеяниях Божиих нужно думать конкретно о каждом или в общем?

— Если можешь размышлять о каждом благодеянии конкретно, то это лучше всего. Если ты на всё обращаешь внимание и ничего не упускаешь, то будешь ощущать даже малейшее прикосновение Благого Бога и испытывать великую благодарность. Когда ум ребёнка сосредоточен на матери, тогда он ощущает её нежные прикосновения. Но если он увлечён своими игрушками, то пусть даже она его и ласкает, и целует, он ничего не будет чувствовать. Бог постоянно с нежностью к нам прикасается. Человек, который думает о благодеяниях Божиих, умиляется, болезнует сердцем и постоянно прославляет Бога.

— Геронда, как сердцу начать веселиться и радоваться от чувства благодарности к Богу?

— С помощью смирения и любви человек ощущает великие благодеяния Божии и делается благодарным рабом[3]. «Боже мой, — говорит он, — я не сто́ю Твоей заботы, помоги кому-то ещё — тому, кому тяжелее, чем мне…» И Бог, видя такие любовь и смирение, изливает на человека Свою благодать. Так вот и продолжается эта взаимная погоня: человек благодарит — а Бог подаёт ему всё новые и новые дарования.

«Слава Тебе, Боже»

— Геронда, что значат слова «слава Тебе, Боже»?

— Слова «слава Тебе, Боже» значат «да познают все Бога». Видишь, и Христос сказал: *Аз просла́вих Тя на земли́, и ны́не просла́ви Мя Ты, О́тче*[4]. Некоторые неправильно толкуют эти слова и говорят: «И Христос ищет славы!» А слова эти значат следующее: «Я, Отче, явил Тебя на земле; яви Меня и Ты, чтобы люди уверовали».

---

[3] См. Мф. 25:21,23.
[4] См. Ин. 17:4-5.

— Геронда, мне хочется чаще повторять «слава Тебе, Боже», чем «Господи, помилуй». Может, это неправильно?

— Нет, благословенная душа, это правильно! Я могу целый день провести за рукоделием и повторять: «Слава Тебе, Боже! Слава Тебе, Боже, за то, что живу. Слава Тебе, Боже, за то, что я умру и пойду к Тебе. Слава Тебе, Боже, за то, что даже если я окажусь в аду, то из ада кого-то возьмут вместо меня в рай. А чтобы не горевать о том, что я мучаюсь в аду, пусть Бог возьмёт из ада в рай многих грешников, так чтобы радость Его о них стала больше, а печаль Его обо мне уменьшилась».

Пусть слова «слава Тебе, Боже» никогда не сходят с ваших уст. Когда у меня что-то болит, моё лекарство — это «слава Тебе, Боже»; другие таблетки мне не помогают. «Слава Тебе, Боже» даже выше, чем «Господи Иисусе Христе, помилуй мя». Старец Тихон говорил: «„Господи Иисусе Христе" стоит сто драхм, а „слава Тебе, Боже" — целую тысячу», то есть гораздо больше. Этим он хотел сказать, что человек испрашивает милость Божию по необходимости, а славословит Бога по любочестию, поэтому славословие имеет перед Богом бо́льшую ценность. Старец советовал говорить «слава Тебе, Боже» не только когда у нас всё хорошо, но и когда мы терпим невзгоды, потому что даже испытания Бог попускает для пользы нашей души.

— Геронда, иногда я говорю «слава Богу» и чувствую в душе какую-то радость. Что это?

— Это самое настоящее духовное веселие!.. Как ты меня обрадовала этими словами! Сейчас от радости возьму ручку и стану писать «слава Богу, слава Богу…», пока не испишу этими словами целый лист бумаги! Бог да удостоит тебя в другой жизни быть вместе с ангелами, которые постоянно славословят Его. Аминь.

ГЛАВА ВТОРАЯ
О ЦАРСТВЕ СЛАВОСЛОВИЯ

Два чина в царстве славословия

Главное для понимания славословия — это то, что в этом царстве есть два чина. Если человек не пройдёт через первый, то не сможет подняться и до второго. На первой ступени человек терпит скорби, но всё воспринимает правильно. Он следует доброму помыслу, обвиняет себя, смиряется, кается и за всё благодарит Бога: «Боже мой, — говорит он, — благодарю Тебя, по своим грехам я претерпеваю всё это. Я достоин и худшего, но боюсь, не выдержу. Прошу Тебя, дай мне терпение и силы, чтобы всё вынести». Тогда приходит Божественное утешение и человек переходит во второй чин. Там находятся те, кто уже прошёл поприще покаяния и ощутил Божественное утешение, которое приходит при оставлении грехов, кто уже прошёл через радостотворный плач и достиг славословия. Тогда у человека нет огорчений, он чувствует священную радость, благодарность к Богу, которой не может вынести. Повторяет постоянно «слава Тебе, Боже», благодарит Бога за Его великие благодеяния, за Его великую любовь, и потом душа уже сама подвигается к молитве, к славословию Бога или, по крайней мере, просит у Бога прощения за то, что недостойна Его благословений.

— Геронда, а батюшка Тихон как молился?

— Батюшка Тихон вошёл в царство славословия и пребывал уже не в молитве, а в славословии. Из уст его только и слышно было: «Слава Тебе, Боже, слава Тебе, Боже!..» — и почти все дни в году были для него «светлыми»[1], потому что он постоянно жил в пасхальной радости.

Для людей, находящихся в таком состоянии, всегда Пасха, всегда Воскресение! Все колокола и била радостно звонят. *Хвали́те Его́ в кимва́лех доброгла́сных, хвали́те Его́ в кимва́лех восклица́ния!*[2] Весь день они славословят Бога, и стук сердца у них словно звон колокола.

Слёзы покаяния и слёзы славословия

— Геронда, разъясните нам слова аввы Исаака, когда он пишет о слезах: «Одни слёзы обжигают и иссушают тело, а другие слёзы веселят и питают его. Слёзы, рождаемые от умиления смирившегося сердца по причине греха, те обжигают и иссушают тело… Другого же порядка слёзы происходят от ведения и рассуждения: они украшают лицо и питают тело»[3].

— Первые слёзы — это слёзы покаяния. Ты болезнуешь глубоко и искренне о совершённом прегрешении и оплакиваешь его со смирением. Эти слёзы измождают человека, но в них есть и Божественное утешение. Когда же душа примирится с Богом, приходят слёзы благодарности и славословия, и это слёзы радости. Тогда душа обретается в ином месте, она радостно парит в нежной сладости, райской сладости. В этом втором состоянии человек обходится небольшим количеством пищи. Веселится сердце, и того малого, что он ест, телу достаточно; да и недостаток

---

[1] *Светлой* называется первая неделя после Пасхи.
[2] Пс. 150:5.
[3] См.: *Исаак Сирин, прп.* Слова подвижнические. Слово 21. С. 126. — *Прим. пер.*

сна ему не вредит. Не то что он себя заставляет не спать, но от преизбытка радости он не может уснуть. Разгорается божественное рачение в сердце, и он забывает о сне. Эта великая радость восполняет с лихвой недостаток сна.

— Геронда, а может ли человек со слезами петь: «Христо́с ражда́ется, сла́вите»?

— Да, он может петь это со слезами благодарности Богу!

— То есть, геронда, человек может плакать, когда славословит Бога?

— Да! Он ощущает невыразимую радость от благодарности, так что не может сдержаться. Это — настоящее преизлияние славословия. Обращайтесь в духовной сфере, в царстве славословия! «Слава Тебе, Боже, слава Тебе, Боже», — повторяйте эти слова постоянно. Потом всё будет вызывать в вас умиление, за всё вы будете ощущать великую благодарность Богу, и Бог сведёт вас с ума обилием Своих благословений.

ГЛАВА ТРЕТЬЯ
О ДАРАХ БОЖИИХ

Бог подаёт Свою благодать понемножку

— Геронда, почему иногда мы явно чувствуем благодать во время молитвы, а в другой раз не чувствуем ничего?

— Благой Бог, чтобы побудить нас к подвигу, время от времени подаёт нам такие благословения. Всё равно что мы даём маленькому ребёнку конфетку и говорим ему: «Если будешь вести себя хорошо, получишь ещё», — так и Бог даёт нам такие «конфетки», чтобы мы поняли, насколько Он сладок, и подвизались, чтобы Ему угодить и быть рядом с Ним.

— Геронда, а вот сладость, которую ощущает в молитве человек, ещё не очистившийся от страстей, — может ли она быть не духовным, а чувственным ощущением?

— В начале может и быть… Но по мере духовного роста всё встаёт на свои места; ведь даже фрукт, пока не созреет, кислит и вяжет… Бог постепенно подаёт Свою благодать ради пользы человека, ведь если он сразу ощутит всю полноту благодати Божией, то может её и не выдержать. Но если человек не поймёт, что и это малое — от Бога, и не укрепится в помысле, что ничего из себя не представляет, то Бог будет отнимать у него Свои дары, пока человек не уразумеет, что дары эти принадлежит не ему, но Богу.

— Иногда, геронда, после целого дня работы на послушании я прихожу в келью и мне хочется не отдыхать, а побыть с Богом.

— Значит, уродилась пшеница на твоих духовных полях. Не ленись и собирай богатый урожай.

— Геронда, как мне в таких случаях славословить Бога?

— Просто говори Богу, что у тебя на сердце. Бог тебя приласкал — и ты это чувствуешь.

Божественное утешение на молитве

— Геронда, отчего Бог иногда ниспосылает благоухание?

— Бог даёт почувствовать благоухание иногда во время молитвы, иногда — в другое время, чтобы утешить, укрепить или известить о чём-то. Но Он всегда делает это с какой-то определённой целью.

— Порой, геронда, когда я творю молитву Иисусову и прошу милости Божией, то ощущаю в себе некое внутреннее изменение, умиление.

— Когда человек смиренно просит милости Божией и осознаёт собственную греховность, тогда Бог посылает ему Свою благодать, и человек духовно изменяется. Он сожалеет, что огорчил Бога своими грехами, раскаивается, чувствует сокрушение, и Бог вознаграждает его таким Божественным утешением.

— Геронда, когда я творю молитву Иисусову, то ощущаю некое утешение и радость. Это от Бога или же дело прелести?

— Это не плохо, но лучше не обращать на это внимания. Когда человек не обращает на такие вещи внимания,

Бог ещё больше умиляется и иным образом подаёт ему Свою помощь. Остерегайся стремиться к молитве ради того, чтобы ощутить удовольствие, радость. Дитя ведь бежит к отцу не потому, что тот даёт шоколадку, а потому, что любит отца; другое дело, если отец сам захочет дать ребёнку шоколадку.

Молитва, творимая ради того, чтобы почувствовать радость, а не для того, чтобы соединиться с Богом, не есть настоящая молитва.

— Иногда, геронда, когда я молюсь о разрешении какого-либо затруднения, то чувствую, что в моей молитве присутствует славословие. Это нормально?

— А после молитвы чувствуешь ли ты Божественное утешение?

— Не знаю, геронда, Божественное это утешение или нет… Но я чувствую покой и уверенность.

— Значит, встретились надежда на Бога и Божественное утешение.

— Геронда, как человеку понять: правильно ли он общается с Богом?

— Он общается с Богом правильно, если чувствует Божественное утешение. Это Божественное утешение несопоставимо с человеческим, подобно тому, как как рай несопоставим с землёй.

— Геронда, а я вот стараюсь, тружусь в молитве, но утешения не чувствую.

— Это хорошо. Значит, ты работаешь Богу безвозмездно. Предадим сердце своё Богу, смиренно испрашивая Его милости, а уж Он знает, что именно нужно нам дать. Духовный человек не ищет ничего, кроме спасения своей души. И подвизается он не ради божественных наслаждений — нет, он делает это по любочестию, принимая то, что ему даёт Бог.

Посещение Божественной благодати

— Геронда, каков Нетварный Свет?

— Откуда я знаю? Печка у меня рукотворная, и я топлю её, чтобы согреться. А если мне нужен свет, то я зажигаю свечу и мне всё видно!

Не нужно никогда искать света или Божественных дарований, но только покаяния, которое приведёт к смирению, а потом Благой Бог подаст человеку то, что ему нужно. Однажды пошёл я проведать отца Давида Дионисиатского[1]. Он жил в грязной, тёмной и неприбранной келье. Но в этой тёмной келье он жил во Свете. Он много преуспел в молитве, взошёл на высокую духовную степень. Я боялся о чём-то спросить его! «Об этом не говорят, не говорят», — повторял он. Знаешь, что значит посреди темноты видеть Свет, не имея света? Жить среди гор мусора и обитать в обителях Божиих!

«Чтобы принять Дух, нужно дать кровь»[2]. Когда я жил в общежитии, однажды Великим постом решил осуществить это на деле. Я себя совсем не жалел, так «натянул тетиву», что ещё чуть-чуть — и она бы лопнула. Я чувствовал такую усталость, что падал среди дороги и просил Бога, чтобы Он помог мне подняться, чтобы меня не увидели люди и потом не говорили: «Вот, полюбуйтесь, эти монахи так подвизаются, что падают от усталости». Это было ежедневное мученичество. В четверг перед Лазаревой субботой, вечером, молясь в келье, я почувствовал такую сладость, такое веселие! Свет меня осиял, из глаз текли слёзы, сладкий плач. Это продолжалось двадцать или тридцать минут и дало такие силы, что потом духовно питало меня ни много ни мало целых десять лет.

---

[1] См. о нём: *Новый Афонский патерик*. Т. 1. С. 172–181. — *Прим. пер.*
[2] См.: *Достопамятные сказания*. Об авве Лонгине.

Когда я спросил об этом старца Петра[3], он мне сказал: «Я постоянно переживаю такие состояния. В такие моменты, когда меня посещает Божественная благодать, сердце моё сладко согревается от любви Божией и какой-то необычайный Свет освещает меня изнутри и снаружи. Я чувствую в такие моменты, что даже лицо моё светится. Даже келья моя освещается! Тогда я снимаю скуфью, склоняю смиренно голову и говорю Христу: „Господи, пронзи копьём Своего благоутробия моё сердце". От великой благодарности из глаз моих не переставая текут сладкие слёзы, и я славословлю Бога. Тогда всё останавливается, потому что я чувствую Христа совсем близко и не могу больше ничего просить; молитва прекращается, чётки не могут двигаться».

— Геронда, Нетварный Свет человек видит чувственными очами?

— Вот оставите свои мелочные дрязги, тогда скажу.

— Геронда, пока мы освободимся от них, вы уже на Афон уедете… Ну пожалуйста: пусть это будет духовная милостыня!

— Когда я жил на Катунаках, в келье святого Ипатия, как-то раз вечером я прочитал вечерню по чёткам, выпил чаю и стал молиться дальше. Я совершил нужное количество чёток за повечерие и Акафист[4], а потом просто стал творить молитву Иисусову. Чем дольше я её повторял, тем дальше уходила усталость и бо́льшую лёгкость я ощущал. Я чувствовал в душе такую радость, что не хотел спать, и не переставая творил молитву Иисусову. Около одиннадцати ночи мою келью внезапно наполнил какой-то сладостный, небесный Свет. Он был

---

[3] См. об отце Петре Катунакском: *Старец Паисий Святогорец.* Отцы-святогорцы и святогорские истории. С. 65–75.

[4] Акафист Пресвятой Богородице обычно читается на афонском повечерии. — *Прим. пер.*

очень сильный, но не слепил. Одновременно я понял, что и глаза мои стали «сильнее» — такими, чтобы я мог выдержать это сияние. Пока я был в этом состоянии, в этом Божественном Свете, я находился в другом мире — в духовном. Я ощущал невыразимую радость, и тело было лёгким; тяжесть тела исчезла. Я ощущал благодать Божию, Божественное просвещение. Божественные ответы быстро проходили в уме. Я не собирался ни о чём спрашивать, но одновременно с возникавшим вопросом получал и ответ. Ответы были в простых словах, но они были исполнены богословия, это были священные словеса. Если бы всё записать, то получился бы второй «Эвергетин». Это продолжалось всю ночь, до девяти утра. Когда Свет тот исчез, всё мне стало казаться тёмным. Я вышел на улицу, и как будто была ночь. «Который час? Ещё не рассветало?» — спросил я монаха, который проходил мимо. Тот посмотрел на меня и с недоумением переспросил: «Что ты сказал, отец Паисий?» — «А что я сказал?..» — спросил я сам себя и вернулся в келью. Посмотрев на часы, я вдруг понял, что произошло. Было девять часов утра, солнце стояло высоко, а мне день казался ночью! Мне казалось, что солнце едва светило, словно наступило затмение. Я чувствовал себя как человек, который вдруг после яркого света попал в темноту — такая большая была разница! Когда кончилось это божественное состояние, я вернулся к своей обычной жизни и стал делать то, что делал всегда. Немного занялся рукоделием, по чёткам прочитал часы, после девятого часа размочил немного сухарей, чтобы поесть... Но, делая все это, я чувствовал себя словно животное, которое то чешется об забор, то жуёт траву, то глазеет бестолково туда-сюда, и говорил сам себе: «Смотри, чем я занимаюсь! И так — много лет?» До вечера я ощущал такую радость, что даже не чувствовал потребности отдыхать — настолько сильным было это состояние! Весь тот день я всё видел мутно, едва мог заниматься делами. А было лето, и солнце светило ярко. На другой день я стал уже видеть предметы как обычно. Я исполнял своё правило, но уже не чувствовал себя, как накануне, животным.

На какие же бестолковые вещи мы тратим время и что мы в итоге теряем! Поэтому, когда я вижу мелочность, дрязги, малодушие, сильно расстраиваюсь.

Ум молчащ близ Христа

— Геронда, авва Исаак пишет: «Смиренномудрый, предстоя пред Богом, не думает дерзнуть помолиться»[5]. Тогда что же он делает, смиренномудрый человек?

— Он чувствует себя недостойным молиться, разговаривать с Богом.

— И что он делает, геронда?

— Ему достаточно того, что он просто предстоит пред Богом.

— Геронда, Вы каким образом упражнялись в молитве в тех местах, где подвизались?

— Уходил в молитву… Знаешь, что значит уходить в молитву? Погружаться в неё. Сладкое погружение.

— Вы хотите сказать, геронда, что теряли ощущение места и времени?

— Да, я уходил в молитву без остатка… Даже чтобы какую-то мысль просто привести на ум, мне нужно было остановить молитву. Знаешь, что это такое: погружаться

---

[5] «Истинно смиренномудрый не осмелится и помолиться Богу, когда приступает к молитве, или счесть себя достойным молитвы, или просить чего-либо иного, и не знает, о чём молиться, но только молчит всеми своими помышлениями, ожидая одной милости и того изволения, какое изыдет о нём…» См.: *Исаак Сирин, прп.* Слова подвижнические. Слово 48. С. 262. — *Прим. пер.*

все глубже и глубже?.. Потом ты уже ничего не хочешь, тебе просто ничего не нужно.

— Потом, геронда, произносишь только «Господи Иисусе Христе, помилуй мя»?

— Уже ничего не произносишь, только чувствуешь Божественную теплоту, сладость. Тут молитва Иисусова прекращается, потому что ум соединился с Богом и ни за что не хочет с Ним разлучаться: настолько ему хорошо.

Когда человек приходит в такое состояние, молитва останавливается сама собой. Да и не только молитва, но и сам ум останавливается от присутствия Божия. Исчезают мысли, и душа ощущает лишь сладость Божественной любви, Божественной теплоты и заботы. Она как младенец, который ни о чём не думает, а лишь радуется на руках у матери. Когда ребёнок затихает на руках у матери, разве он что-нибудь говорит? Нет, они теперь едины, и в этом их общение.

> Добро есть молитва Иисусова в молчании,
> но добрейши есть молчание в молчании —
> ум молчащ близ Христа.

ПРИЛОЖЕНИЯ

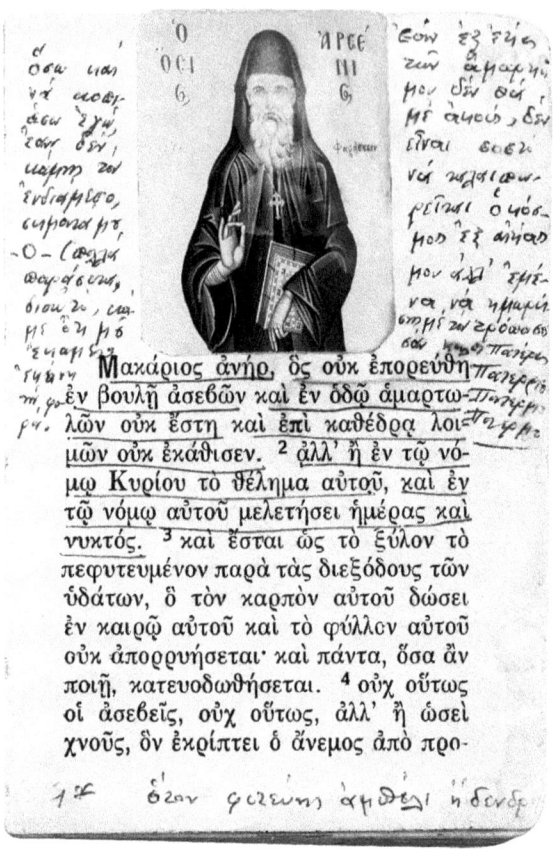

Старец Паисий ко святому Арсению

«Как бы я ни трудился, если ты не будешь посредником, мой сигнал будет „ноль" (сильные помехи). Поэтому помогай мне, как в тот раз. Может быть, из-за моих грехов ты меня не услышишь, но будет неправильно, чтобы из-за меня страдали люди. Лучше меня накажи — по-своему, как добрый отец. Отче мой, отче мой, отче мой».

На предыдущем развороте находится обращение к святому Арсению, которое преподобный Паисий написал в начале Псалтири. Слова «помогай мне, как в тот раз» относятся к событию, которое преподобный Паисий описывает в своей книге «Преподобный Арсений Каппадокийский»: «Благой отец Арсений явился мне и во второй раз, только теперь ночью, на всенощном бдении. Это было 29 марта 1971 года, в день памяти преподобномучеников Варахисия и Ионы, накануне Вербного воскресенья. В полночь я сидя творил молитву Иисусову. Не помню, дремал я или бодрствовал. Вижу огромное пшеничное поле. Пшеница уже созрела, и много работников жнут усердно. На другом конце поля — пункт связи и офицер, который был главный. У меня тоже был маленький участок на том большом поле, где я должен был убрать пшеницу, и рабочее место на пункте связи. Поэтому я то жал, то бегал передавать поступившие сообщения. Но когда я приходил на пункт связи, то видел, что офицер уже сидит и передаёт за меня мои сообщения. Так продолжалось много раз. Когда это видение закончилось, офицер вдруг преобразился в преподобного Арсения, обнял меня и поцеловал».

Слова «отче мой, отче мой» также связаны с посещением старца Паисия святым Арсением (в том же 1971 году). Посещение святого исполнило преподобного Паисия такой «сладостью и небесным веселием», что когда святой Арсений ушёл, он искал его, крича: «Отче мой, отче мой!»[1]

---

[1] См.: *Старец Паисий Святогорец*. Святой Арсений Каппадокийский. С. 30–33. — *Прим. пер.*

ПСАЛТИРЬ С «ОБСТОЯТЕЛЬСТВАМИ» ПРЕПОДОБНОГО АРСЕНИЯ КАППАДОКИЙСКОГО

Псалом 1. *Блажéн муж, и́же не и́де на совéт нечести́вых…*
При посадке деревьев или винограда, дабы они стали плодоносными.

Псалом 2. *Вску́ю шата́шася язы́цы…*
Да просветит Бог людей, отправляющихся на важные совещания.

Псалом 3. *Го́споди, что ся умно́жиша стужа́ющии ми…*
Да оставят люди зло и да прекратят мучить и обижать подобных себе людей.

Псалом 4. *Внегда́ призва́ти ми, услы́ша мя Бог пра́вды моея́…*
Да исцелит Бог ранимых людей, страдающих и унывающих от вынужденного общения с жестокосердыми людьми.

Псалом 5. *Глаго́лы моя́ внуши́, Го́споди…*
Да уврачует Бог глаза, пораненные злыми людьми.

Псалом 6. *Го́споди, да не я́ростию Твое́ю обличи́ши мене́…*
Да освободит Бог человека от колдовских чар.

Псалом 7. *Го́споди Бо́же мой, на Тя упова́х…*
О людях, пострадавших от угроз и запугивания со стороны злых людей.

Псалом 8. *Го́споди, Госпо́дь наш, я́ко чу́дно и́мя Твое́ по всей земли́...*
О людях, пострадавших от бесов или от лукавых людей.

Псалом 9. *Испове́мся Тебе́, Го́споди, всем се́рдцем мои́м...*
Да перестанут бесы устрашать человека ночью во сне или днём в видениях.

Псалом 10. *На Го́спода упова́х...*
О супругах, которые бранятся и разводятся из-за того, что в семейной паре один по своему жестокосердию обижает другого, ранимого.

Псалом 11. *Спаси́ мя, Го́споди, я́ко оскуде́ преподо́бный...*
О тех сумасшедших, которые заражены злобой и причиняют зло людям.

Псалом 12. *Доко́ле, Го́споди, забу́деши мя до конца́...*
О страдающих болезнями печени.

Псалом 13. *Рече́ безу́мен в се́рдце свое́м: несть Бог...*
Против страшного беса. (Читать трижды в день три дня подряд.)

Псалом 14. *Го́споди, кто обита́ет в жили́щи Твое́м...*
Да оставят разбойники свои замыслы, вернутся с пустыми руками и покаются.

Псалом 15. *Сохрани́ мя, Го́споди, я́ко на Тя упова́х...*
Дабы нашёлся потерянный ключ.

Псалом 16. *Услы́ши, Го́споди, пра́вду мою́...*
При великой клевете. (Читать трижды в день три дня подряд.)

Псалом 17. *Возлюблю́ Тя, Го́споди, кре́посте моя́...*
Во время молнии, наводнения, землетрясения или другого стихийного бедствия.

Псалом 18. *Небеса́ пове́дают сла́ву Бо́жию...*
О благополучных родах.

Псалом 19. *Услы́шит тя Госпо́дь в день печа́ли…*
О супругах, которые не могут иметь детей из-за болезни, да исцелит их Бог и сохранит от развода.

Псалом 20. *Го́споди, си́лою Твое́ю возвесели́тся царь…*
Да умягчит Бог сердца богатых, чтобы они стали творить милостыню бедным.

Псалом 21. *Бо́же, Бо́же мой, вонми́ ми…*
Да сохранит Бог от пожара, чтобы не было беды.

Псалом 22. *Госпо́дь пасе́т мя, и ничто́же мя лиши́т…*
Да уцеломудрит Бог бесчинных и непокорных детей, которые огорчают своих родителей.

Псалом 23. *Госпо́дня земля́, и исполне́ние ея́…*
Дабы открыть дверь, когда пропал ключ.

Псалом 24. *К Тебе́, Го́споди, воздвиго́х ду́шу мою́…*
О людях, которым сильно завидует диавол, постоянно запиная их жизненными испытаниями и толкая в ропот.

Псалом 25. *Суди́ ми, Го́споди, я́ко аз незло́бою мое́ю ходи́х…*
Когда человек просит блага у Бога, да подаст Он, если это не причинит вреда человеку.

Псалом 26. *Госпо́дь просвеще́ние мое́ и Спаси́тель мой…*
Да защитит Бог сельских жителей от вражеских войск, сохранит от зла и не попустит разорить хозяйство.

Псалом 27. *К Тебе́, Го́споди, воззову́…*
Да исцелит Бог стадающих неврастением и другими нервными расстройствами.

Псалом 28. *Принеси́те Го́сподеви сы́нове Бо́жии…*
О тех, кто плохо переносит морские путешествия и боится сильного шторма.

Псалом 29. *Вознесу́ Тя, Го́споди, я́ко подъя́л мя еси́...*
О братиях наших, терпящих скорби на чужбине, среди безбожных и иноверных народов, да сохранит их Бог, а неверных да просветит, да усмирит и да приведёт к познанию Истины.

Псалом 30. *На Тя, Го́споди, упова́х...*
Да подаст Бог обильную жатву и богатый урожай несмотря на неблагоприятную погоду.

Псалом 31. *Блаже́ни, и́хже оста́вишася беззако́ния...*
Да найдут дорогу путешественники, сбившиеся с пути и измучившиеся.

Псалом 32. *Ра́дуйтеся, пра́веднии, о Го́споде...*
Да явит Бог истину о несправедливо заключённых в тюрьму, чтобы их освободили.

Псалом 33. *Благословлю́ Го́спода на вся́кое вре́мя...*
О людях, находящихся при последнем издыхании и мучимых бесами в смертный час. А также при угрозе или начавшемся вторжении вражеских войск.

Псалом 34. *Суди́, Го́споди, оби́дящыя мя...*
Да сохранит Бог благоговейных людей от козней людей лукавых, пользующихся простотой и добротой рабов Божиих.

Псалом 35. *Глаго́лет пребеззако́нный согреша́ти в себе́...*
Да совершенно искоренится вражда, бывающая из-за ссор и недоразумений.

Псалом 36. *Не ревну́й лука́внующым...*
О людях, изувеченных злодеями.

Псалом 37. *Го́споди, да не я́ростию Твое́ю обличи́ши мене́...*
При зубной боли.

Псалом 38. *Рех: сохраню́ пути́ моя́...*
О людях отверженных и несчастных, да найдут они работу и избавятся от скорби.

Псалом 39. *Терпя́, потерпе́х Го́спода…*
Да восстановится любовь после распри между начальствующим и подчинённым.

Псалом 40. *Блаже́н разумева́яй на ни́ща и убо́га…*
Да будут благополучными роды, если случились прежде времени.

Псалом 41. *И́мже о́бразом жела́ет еле́нь на исто́чники водны́я…*
О юноше или девушке, которым сильная влюблённость приносит страдания и скорбь.

Псалом 42. *Суди́ ми, Бо́же, и разсуди́ прю мою́…*
Да получат пленники освобождение из тюрем вражеского народа.

Псалом 43. *Бо́же, уши́ма на́шима услы́шахом…*
Да явит Бог истину мужу и жене, между которыми произошло недопонимание, чтобы они примирились.

Псалом 44. *Отры́гну се́рдце мое́ сло́во бла́го…*
О страдающих болезнями сердца и почек.

Псалом 45. *Бог нам прибе́жище и си́ла…*
О молодых людях, которые по зависти врага не могут вступить в брак и создать семью.

Псалом 46. *Вси язы́цы восплещи́те рука́ми…*
Да обретёт душевный мир и найдёт новую работу нанятый или подневольный человек, который был обижен и ушёл от своего хозяина.

Псалом 47. *Ве́лий Госпо́дь и хва́лен зело́…*
Когда варварские разбойничьи шайки устраивают большие грабежи. (Читать 40 дней, ни на день не оставляя.)

Псалом 48. *Услы́шите сия́ вси язы́цы…*
О трудящихся на опасной работе.

Псалом 49. *Бог бого́в Госпо́дь глаго́ла…*
Да покаются удалившиеся от Бога люди и да возвратятся к Нему ради своего спасения.

Псалом 50. *Помилуй мя, Боже, по велицей милости Твоей…*
Когда по нашим грехам найдёт на нас гнев Божий для нашего вразумления и исправления (эпидемия среди людей или падёж скота).

Псалом 51. *Что хвалишися во злобе, сильне…*
Да покаются жестокосердые начальники, да будут милостивыми и да не мучают людей.

Псалом 52. *Рече безумен в сердце своём: несть Бог…*
Да благословит Бог рыболовные сети, чтобы они наполнялись рыбой.

Псалом 53. *Боже, во имя Твое спаси мя…*
Да просветит Бог богатых людей, владеющих купленными рабами, чтобы они даровали рабам свободу.

Псалом 54. *Внуши, Боже, молитву мою…*
Да восстановит Бог честь оклеветанной семьи.

Псалом 55. *Помилуй мя, Боже, яко попра мя человек…*
О ранимых людях, которым ближние нанесли душевную рану.

Псалом 56. *Помилуй мя, Боже, помилуй мя…*
О людех, страждущих головными болями из-за сильного огорчения.

Псалом 57. *Аще воистинну убо правду глаголете…*
Да благопоспешит Бог людям, творящим благое, и да разорит Он всякий лукавый на них совет, движимый от бесов и от завистливых людей.

Псалом 58. *Изми мя от враг моих, Боже…*
О немых, да разрешит Бог узы языка.

Псалом 59. *Боже, отринул ны еси и низложил еси нас…*
Да явит Бог истину, когда клевете подвергся круг людей.

Псалом 60. *Услыши, Боже, моление моё…*
О тех, кому лень или робость мешает работать.

Псалом 61. *Не Бо́гу ли повине́тся душа́ моя́...*
Да избавит Бог от искушений малодушного, который не имеет терпения и ропщет.

Псалом 62. *Бо́же, Бо́же мой, к Тебе́ у́тренюю...*
Да принесут плоды поля и сады, несмотря на засуху.

Псалом 63. *Услы́ши, Бо́же, глас мой...*
Когда человека укусит волк или бешеный пёс. (И дать выпить святой воды.)

Псалом 64. *Тебе́ подоба́ет песнь, Бо́же, в Сио́не...*
Да имеют благословение торговые люди, но пусть не пустословят и не обманывают простецов.

Псалом 65. *Воскли́кните Го́сподеви, вся земля́...*
Да не творит лукавый козни в семьях и не разрушает их.

Псалом 66. *Бо́же, уще́дри ны и благослови́ ны...*
На благословение птичьего двора.

Псалом 67. *Да воскре́снет Бог, и расточа́тся врази́ Его́...*
При мучительных преждевременных родах, да будут они благополучными.

Псалом 68. *Спаси́, мя, Бо́же, я́ко внидо́ша во́ды до души́ моея́...*
Во время стихийных бедствий, когда из-за наводнения разрушаются дома и гибнут люди.

Псалом 69. *Бо́же, в по́мощь мою́ вонми́...*
Да укрепит Бог ранимых людей, которые из-за малых вещей начинают скорбеть и приходят в отчаяние.

Псалом 70. *На Тя, Го́споди, упова́х...*
О людях, по зависти диавола ставших для ближних обузой и брошенных и в сей скорби отчаявшихся, да обретут милость от Бога и попечение от людей.

Псалом 71. *Бо́же, суд Твой царе́ви даждь...*
Да благословит Бог новый урожай, который земледельцы приносят в свой дом.

Псалом 72. *Коль благ Бог Изра́илев…*
Да покаются злодеи.

Псалом 73. *Вску́ю, Бо́же, отри́нул еси́ до конца́…*
Да сохранит Бог земледельцев, работающих на своих полях, когда придут враги и окружат селение.

Псалом 74. *Испове́мыся Тебе́, Бо́же…*
Да умягчится начальник-варвар и да не мучает ближних, своих подчинённых.

Псалом 75. *Ве́дом во Иуде́и Бог…*
О женщине, которая боится рожать, да укрепит её Бог и да защитит.

Псалом 76. *Гла́сом мои́м ко Го́споду воззва́х, гла́сом мои́м к Бо́гу, и внят ми…*
Когда нет взаимопонимания между родителями и детьми, да просветит их Бог, чтобы дети слушались родителей, а родители любили детей.

Псалом 77. *Внемли́те, лю́дие мои́, зако́ну моему́…*
Да просветит Бог заимодавцев, чтобы не мучили своих должников и смилостивились над ними.

Псалом 78. *Бо́же, приидо́ша язы́цы в достоя́ние Твое́…*
Да сохранит Бог селения от нападения разбойников и от разорения вражескими отрядами.

Псалом 79. *Пасы́й Изра́иля вонми́…*
Да исцелит Бог человека, у которого опухло лицо и вся голова болит.

Псалом 80. *Ра́дуйтеся Бо́гу, помо́щнику на́шему…*
Да попечется Бог о бедняках, которые терпят лишения, страдают от нужды и скорбят.

Псалом 81. *Бог ста в со́нме бого́в…*
Да не встречают трудностей земледельцы, продавая свои плоды, да не скорбят и не печалятся.

Псалом 82. *Бо́же, кто уподо́бится Тебе́…*
Да воспрепятствует Бог злым людям, готовящимся совершать убийства.

Псалом 83. *Коль возлю́бленна селе́ния Твоя́...*
Да сохранит Бог в целости всё имущество дома, скотину и урожай.

Псалом 84. *Благоволи́л еси́, Го́споди, зе́млю Твою́...*
Да исцелит Бог людей, получивших раны от разбойников и напуганных.

Псалом 85. *Приклони́, Го́споди, у́хо Твое́...*
Да спасет Бог народ, когда начинается эпидемия холеры и умирают люди.

Псалом 86. *Основа́ния его́ на гора́х святы́х...*
Да продлит Бог жизнь главе семейства, чтобы домочадцы не остались без кормильца.

Псалом 87. *Го́споди Бо́же спасе́ния моего́...*
Да защитит Бог всех беззащитных людей, страдающих от чужой жестокости.

Псалом 88. *Ми́лости Твоя́, Го́споди, во век воспою́...*
Да укрепит Бог болезненных и слабых людей, чтобы они не нуждались в уходе, не скорбели и могли самостоятельно работать.

Псалом 89. *Го́споди, прибе́жище был еси́ нам в род и род...*
Да подаст Бог дождь во время засухи, или да явится вода в пересохших колодцах.

Псалом 90. *Живы́й в по́мощи Вы́шняго...*
Да исчезнет бес, явившийся человеку и устрашающий его.

Псалом 91. *Бла́го есть испове́датися Го́сподеви...*
Да подаст Бог людям разум, чтобы духовно преуспевали.

Псалом 92. *Госпо́дь воцари́ся, в ле́поту облече́ся...*
Да сохранит Бог корабль от опасности во время бури. (При сем кропится корабль святой водой на четыре стороны.)

Псалом 93. *Бог отмщéний Госпóдь...*
Да просветит Бог бесчинных и непокорных людей, возмущающих народ и создающих беспорядки и раздоры.

Псалом 94. *Приидúте, возрáдуемся Гóсподеви...*
Да не касаются супругов колдовские чары, возбуждающие ссоры и разногласия.

Псалом 95. *Воспóйте Гóсподеви песнь нóву, воспóйте Гóсподеви вся земля́...*
Да подаст Бог слух глухим.

Псалом 96. *Госпóдь воцарúся, да рáдуется земля́...*
Да удалятся от людей колдовские чары.

Псалом 97. *Воспóйте Гóсподеви песнь нóву, я́ко дúвна сотворú Госпóдь...*
Да подаст Бог утешение скорбящим, да не печалятся.

Псалом 98. *Госпóдь воцарúся, да гнéваются лю́дие...*
Да благословит Бог юных, желающих посвятить свою жизнь Богу, и да подаст им Свою благодать.

Псалом 99. *Восклúкните Бóгови вся земля́...*
Да благословит Бог святые намерения людей и да исполнит их.

Псалом 100. *Мúлость и суд воспою́ Тебé, Гóсподи...*
Да подаст Бог дарования людям добросердечным, да и ближним своим помогут.

Псалом 101. *Гóсподи, услы́ши молúтву мою́, и вопль мой к Тебé да приúдет...*
Да благословит Бог занимающих высокое положение, чтобы помогали людям и относились к ним с добротой и пониманием.

Псалом 102. *Благословú, душé моя́, Гóспода, и вся внýтренняя моя́ úмя свя́тое Егó...*
Дабы пришли месячные, если задерживаются.

Псалом 103. *Благослови́, душе́ моя́, Го́спода. Го́споди, Бо́же мой, возвели́чился еси́ зело́...*
Да благословит Бог имущество людей, да не будет у них скудости, и да не скорбят, а прославляют Бога.

Псалом 104. *Испове́дайтеся Го́сподеви, и призыва́йте и́мя Его́...*
Да покаются люди и да исповедуют грехи свои.

Псалом 105. *Испове́дайтеся Го́сподеви... Кто возглаго́лет...*
Да подаст Бог просвещение людям, чтобы не уклонялись от пути спасения.

Псалом 106. *Испове́дайтеся Го́сподеви... Да реку́т...*
Да исцелит Бог женское неплодие.

Псалом 107. *Гото́во се́рдце мое́, Бо́же...*
Да смирит Бог врагов, чтобы они оставили свои злые намерения. (Читать семь раз в день семь дней подряд.)

Псалом 108. *Бо́же, хвалы́ моея́ не премолчи́...*
Да исцелит Бог страждущих лунатизмом. Сей псалом также читается о том, чтобы Бог помиловал лжесвидетелей и привел их к покаянию.

Псалом 109. *Рече́ Госпо́дь Го́сподеви моему́...*
Да почитают юные старших.

Псалом 110. *Испове́мся Тебе́, Го́споди... в сове́те пра́вых...*
Да покаются судьи неправедные и да судят справедливо народ Божий.

Псалом 111. *Блаже́н муж, боя́йся Го́спода...*
Да сохранит Бог идущих на войну.

Псалом 112. *Хвали́те, о́троцы, Го́спода...*
Да подаст Бог благословение бедной вдове, чтобы она смогла отдать свои долги и избежать тюрьмы. (Читать три раза в день три дня подряд.)

Псалом 113. *Во исхо́де Изра́илеве от Еги́пта...*
Да исцелит Бог детей слабоумных и косноязычных.

Псалом 114. *Возлюби́х, я́ко услы́шит Госпо́дь...*
Да подаст Бог благословение и утешение несчастным детям бедняков, да не уничижают их и не оскорбляют дети богатых родителей.

Псалом 115. *Ве́ровах, те́мже возглаго́лах...*
Да исцелит Бог лютую страсть лжи.

Псалом 116. *Хвали́те Го́спода вси язы́цы...*
Да сохраняется в семье любовь и единодушие, и да славится Бог.

Псалом 117. *Испове́дайтеся Го́сподеви... Да рече́т у́бо дом Изра́илев...*
Да смирит Бог варваров, окруживших селение и угрожающих людям, и да разорит их злые намерения. (Читать три раза в день семь дней подряд.)

Псалом 118. *Блаже́ни непоро́чнии в путь...*
Да поразит Бог варваров, убивающих неповинных женщин и детей, и да смирит их дерзость. (Читать три раза в день семь дней подряд.)

Псалом 119. *Ко Го́споду, внегда́ скорбе́ти ми, воззва́х...*
Да подаст Бог терпение и смирение людям, которые вынуждены находиться рядом с людьми коварными и несправедливыми.

Псалом 120. *Возведо́х о́чи мои́ в го́ры...*
Да защитит Бог людей, попавших в рабство к врагам, чтобы избежали зла и благополучно дождались часа освобождения.

Псалом 121. *Возвесели́хся о ре́кших мне...*
Да исцелит Бог людей, страдающих от сглаза.

Псалом 122. *К Тебе́ возведо́х о́чи мои́...*
Да отверзет Бог очи слепым и да исцелит больные глаза.

Псалом 123. *Я́ко а́ще не Госпо́дь бы был в нас...*
Да сохранит Бог от укусов ядовитых змей.

Псалом 124. *Наде́ющиися на Го́спода, я́ко гора́ Сио́н...*
Да сохранит Бог имущество праведников от злых людей.

Псалом 125. *Всегда́ возврати́ти Го́споду плен Сио́нь...*
Да исцелит Бог людей, часто страдающих головной болью.

Псалом 126. *А́ще не Госпо́дь сози́ждет дом...*
Да примирит Бог мужа и жену, и да прекратится их распря.

Псалом 127. *Блаже́ни вси боя́щиися Го́спода...*
Да не приближается никогда к семье злоба вражия, и да царствуют в доме мир и благословение Божие.

Псалом 128. *Мно́жицею бра́шася со мно́ю от ю́ности моея́...*
Да исцелит Бог людей, страдающих головной болью и мигренью, и да подаст покаяние жестокосердым и нерассудительным людям, огорчающим своих ранимых ближних.

Псалом 129. *Из глубины́ воззва́х к Тебе́, Го́споди...*
Да подаст Бог мужество и надежду людям начинающим и неопытным, чтобы у них не было преткновений в работе.

Псалом 130. *Го́споди, не вознесе́ся се́рдце мое́...*
Да подаст Бог людям покаяние и утешение, соединенные с упованием, да спасутся.

Псалом 131. *Помяни́, Го́споди, Дави́да...*
Да помилует Бог народ, когда по нашим грехам бывают постоянные войны.

Псалом 132. *Се что́ добро́, или́ что́ красно́...*
Да просветит Бог народы, чтобы они примирились, и да будет мир между людьми.

Псалом 133. *Се ны́не благослови́те Го́спода...*
Да сохранит Бог людей от всякой опасности.

Псалом 134. *Хвали́те и́мя Госпо́дне, хвали́те, раби́ Го́спода...*

Да собирают люди на молитве воедино свой ум, и да соединяется он с Богом.

Псалом 135. *Исповéдайтеся Го́сподеви... Исповéдайтеся Бо́гу бого́в...*

Да защитит Бог беженцев, оставивших свои дома и переселившихся ради спасения от варваров.

Псалом 136. *На река́х Вавило́нских...*

Да утвердит Бог человека, имеющего переменчивый нрав.

Псалом 137. *Исповéмся Тебé, Го́споди... и пред а́нгелы воспою́ Тебé...*

Да просветит Бог местных правителей, да будут благосклонны к просьбам людей.

Псалом 138. *Го́споди, искуси́л мя еси́ и позна́л мя еси́...*

Да престанет диавол искушать ранимых людей хульными помыслами.

Псалом 139. *Изми́ мя, Го́споди, от человéка лука́ва...*

Да укротит Бог строптивого и своенравного главу семьи, который мучает всех своих домочадцев.

Псалом 140. *Го́споди, воззва́х к Тебé, услы́ши мя...*

Да укротит Бог варвара, местного правителя, который мучает людей.

Псалом 141. *Гла́сом мои́м ко Го́споду воззва́х, гла́сом мои́м ко Го́споду помолю́хся...*

Да укротит Бог человека-мятежника, творящего зло, и, даже если он закоснел в жестокости, агнцу да уподобится.

Псалом 142. *Го́споди, услы́ши моли́тву мою́...*

Да сохранит Бог беременную женщину от выкидыша.

Псалом 143. *Благословéн Госпо́дь Бог мой...*

Да умиротворит Бог возмутившийся народ, и да не будет междоусобной брани.

Псалом 144. *Вознесу́ Тя, Бо́же мой, Царю́ мой...*
Да благословит Бог труды людские, чтобы они были угодны Богу.

Псалом 145. *Хвали́, душе́ моя́, Го́спода...*
Да остановит Бог кровотечение у человека.

Псалом 146. *Хвали́те Го́спода, я́ко благ псало́м...*
Да исцелит Бог людей, которых злодеи били по лицу и нанесли раны.

Псалом 147. *Похвали́, Иерусали́ме, Го́спода...*
Да укротит Бог диких горных зверей, чтобы они не творили зло людям и не наносили вред полям.

Псалом 148. *Хвали́те Го́спода с небе́с...*
Да подаст Бог погоду, благоприятную для плодородия земли, дабы люди славили Бога в своем благоденствии.

Псалом 149. *Воспо́йте Го́сподеви песнь но́ву...*
В благодарение Богу за благодеяния Его великие и превеликую любовь, которая терпит нас и не имеет границ[1].

Псалом 150. *Хвали́те Бо́га во святы́х Его́...*
Да подаст Бог радость и утешение скорбящим братиям нашим, сущим в земли чужой, и усопшим братиям нашим, отшедшим в самое дальнее путешествие[1].

---

[1] «Обстоятельства» к псалмам 149 и 150 написаны преподобным Паисием Святогорцем.

Ка́ко подоба́ет моли́тися по Псалти́ри сообра́зно обстоя́тельствам, пи́санным преподо́бным Арсе́нием Каппадоки́йским

По обы́чном нача́ле чти псало́м пятьдеся́тный:

Поми́луй мя, Бо́же, по вели́цей ми́лости Твое́й, и по мно́жеству щедро́т Твои́х очи́сти беззако́ние мое́. Наипа́че омы́й мя от беззако́ния моего́, и от греха́ моего́ очи́сти мя, я́ко беззако́ние мое́ аз зна́ю, и грех мой предо мно́ю есть вы́ну. Тебе́ еди́ному согреши́х и лука́вое пред Тобо́ю сотвори́х, я́ко да оправди́шися во словесе́х Твои́х, и победи́ши внегда́ суди́ти Ти. Се бо в беззако́ниих зача́т есмь, и во гресе́х роди́ мя ма́ти моя́. Се бо и́стину возлюби́л еси́, безве́стная и та́йная прему́дрости Твоея́ яви́л ми еси́. Окропи́ши мя иссо́пом, и очи́щуся, омы́еши мя, и па́че сне́га убелю́ся. Слу́ху моему́ да́си ра́дость и весе́лие, возра́дуются ко́сти смире́нныя. Отврати́ лице́ Твое́ от грех мои́х и вся беззако́ния моя́ очи́сти. Се́рдце чи́сто сози́жди во мне, Бо́же, и дух прав обнови́ во утро́бе мое́й. Не отве́ржи мене́ от лица́ Твоего́ и Ду́ха Твоего́ Свята́го не отыми́ от мене́. Возда́ждь ми ра́дость спасе́ния Твоего́ и Ду́хом Влады́чним утверди́ мя. Научу́ беззако́нныя путе́м Твои́м, и нечести́вии к Тебе́ обратя́тся. Изба́ви мя от крове́й, Бо́же, Бо́же спасе́ния моего́, возра́дуется язы́к мой пра́вде Твое́й. Го́споди, устне́ мои́ отве́рзеши, и уста́ моя́ возвестя́т хвалу́ Твою́. Я́ко а́ще бы восхоте́л еси́ же́ртвы, дал бых у́бо, всесожже́ния не благоволи́ши. Же́ртва Бо́гу дух сокруше́н, се́рдце сокруше́нно и смире́нно Бог не уничижи́т. Ублажи́, Го́споди, благоволе́нием Твои́м Сио́на, и да сози́ждутся сте́ны Иерусали́мския. Тогда́ благоволи́ши же́ртву пра́вды, возноше́ние и всесожега́емая, тогда́ возложа́т на олта́рь Твой тельцы́.

Богоро́дичен:

Под Твою́ ми́лость прибега́ем, Богоро́дице Де́во, моле́ний на́ших не пре́зри в ско́рбех, но от бед изба́ви нас, Еди́на Чи́стая, Еди́на Благослове́нная.

Тропа́рь преподо́бному Арсе́нию Каппадоки́йскому, глас 3:

Житие́ богоуго́дное до́бре соверши́в, сосу́д че́стен Уте́шителя яви́лся еси́, богоно́се Арсе́ние, и чуде́с благода́ть восприи́м, всем подае́ши ско́рое посо́бие, о́тче преподо́бне, Христа́ Бога моли́ дарова́ти нам ве́лию ми́лость.

И чти изложе́ние обстоя́тельства, сообра́зное нужде́ твое́й, о не́йже хо́щеши помоли́тися, и глаго́ли ука́занный та́мо псало́м.

По сконча́нии псалма́:

Сла́ва Отцу́ и Сы́ну и Свято́му Ду́ху, и ны́не и при́сно и во ве́ки веко́в. Ами́нь.

Аллилу́йя, аллилу́йя, аллилу́йя, сла́ва Тебе́, Бо́же. *(Три́жды.)*

Го́споди, поми́луй. *(Три́жды.)*

Сла́ва Отцу́ и Сы́ну и Свято́му Ду́ху, и ны́не и при́сно и во ве́ки веко́в. Ами́нь.

Тебе́ сла́ва подоба́ет, Го́споди Бо́же наш, и Тебе́ сла́ву возсыла́ем, Отцу́, и Сы́ну, и Свято́му Ду́ху, ны́не и при́сно, и во ве́ки веко́в, ами́нь.

За сим славосло́вие вели́кое:

Сла́ва Тебе́, показа́вшему нам свет.

Сла́ва в вы́шних Бо́гу, и на земли́ мир, в челове́цех благоволе́ние. Хва́лим Тя, благослови́м Тя, кла́няем Ти ся, славосло́вим Тя, благодари́м Тя вели́кия ра́ди сла́вы Твоея́. Го́споди Царю́ Небе́сный, Бо́же О́тче Вседержи́телю, Го́споди Сы́не Единоро́дный, Иису́се Христе́, и Святы́й

Ду́ше. Го́споди Бо́же, А́гнче Бо́жий, Сы́не Оте́чь, взе́мляй грех ми́ра, поми́луй нас. Взе́мляй грехи́ ми́ра, приими́ моли́тву на́шу. Седя́й одесну́ю Отца́, поми́луй нас. Я́ко Ты еси́ Еди́н Свят, Ты еси́ Еди́н Госпо́дь, Иису́с Христо́с, во сла́ву Бо́га Отца́, ами́нь.

На всяк день благословлю́ Тя и восхвалю́ и́мя Твое́ во ве́ки, и в век ве́ка.

Го́споди, прибе́жище был еси́ нам в род и род. Аз рех: Го́споди, поми́луй мя, исцели́ ду́шу мою́, я́ко согреши́х Тебе́. Го́споди, к Тебе́ прибего́х, научи́ мя твори́ти во́лю Твою́, я́ко Ты еси́ Бог мой, я́ко у Тебе́ исто́чник живота́, во све́те Твое́м у́зрим свет. Проба́ви ми́лость Твою́ ве́дущим Тя.

Сподо́би Го́споди, в день сей без греха́ сохрани́тися нам. Благослове́н еси́, Го́споди, Бо́же оте́ц на́ших, и хва́льно и просла́влено и́мя Твое́ во ве́ки, ами́нь.

Бу́ди, Го́споди, ми́лость Твоя́ на нас, я́коже упова́хом на Тя. Благослове́н еси́, Го́споди, научи́ мя оправда́нием Твои́м. Благослове́н еси́, Влады́ко, вразуми́ мя оправда́нием Твои́м. Благослове́н еси́, Святы́й, просвети́ мя оправда́нии Твои́ми.

Го́споди, ми́лость Твоя́ во век, дел руку́ Твое́ю не пре́зри. Тебе́ подоба́ет хвала́, Тебе́ подоба́ет пе́ние, Тебе́ сла́ва подоба́ет, Отцу́, и Сы́ну, и Свято́му Ду́ху, ны́не и при́сно, и во ве́ки веко́в, ами́нь.

За сим:

Досто́йно есть я́ко вои́стинну блажи́ти Тя, Богоро́дицу, Присноблаже́нную и Пренепоро́чную и Ма́терь Бо́га на́шего. Честне́йшую Херуви́м и сла́внейшую без сравне́ния Серафи́м, без истле́ния Бо́га Сло́ва ро́ждшую, су́щую Богоро́дицу, Тя velича́ем.

И сотвори́ покло́нов, ели́ко хо́щеши.

УКАЗАТЕЛЬ К «ОБСТОЯТЕЛЬСТВАМ»

Этот указатель относится к приложению «Псалтирь с „Обстоятельствами" преподобного Арсения Каппадокийского» (с. 251–268) и содержит номера псалмов, читаемых в соответствующих обстоятельствах.

Б

бедность   20, 38, 53, 80, 103, 112, 114
бедствия   21, 50, 62, 85, 89
   стихийные   17, 68
беженцы   135
беззащитные люди   87
безумие   11
беременность   18, 40, 67, 142
бесовские видения   9, 90
бесплодие   19, 106
бесчинство   22, 93
бесы   *см.* нечистые духи
блага   25, 100
благодарность Богу   103, 116, 148, 149
благословение Божие
   бедной вдове   112
   брошенным и отчаявшимся людям   70
   детям бедняков   114
   добро творящим   57, 100
   занимающим высокий пост   101
   молодым, посвящающим жизнь Богу   98
   на новый урожай   71
   на разведение домашней птицы   66
   на рыбную ловлю   52
   на труды   144
   святых намерений   99
   семье и дому   65, 83, 86, 103, 127
   торговцам   64
благотворительность   20, 57, 99, 100, 101
богатые   20, 53
болезни
   бесплодие   19, 106
   глаз   5, 122
   глухота   95
   головы   56, 79, 125, 128
   детское слабоумие и косноязычие   113
   зубов   37
   кровотечение   145
   морская   28
   немота   58
   нервные   27
   опухшее лицо   79
   печени   12

почек   44
сердца   44
требующие чужого ухода   88
увечья   36
брак   45
буря   28, 92

В

важные решения   2, 99
варвары   29, 117, 118, 135, 140
вдова   112
виноградник   1
влюблённость   41
военные   111
война   *см. также* нашествие, 111, 131, 132
  междоусобная   143
волк   63
враги   *см. также* злодеи, 26, 33, 42, 73, 78, 107, 117, 118, 120
вражда   35, 39, 74, 126, 132
выкидыш   142

Г

глаза   5, 122
глухота   95
голова   56, 79, 113, 125, 128
грехи   104

Д

деревья   1
дети
  бедные и богатые   114
  непослушные   22, 76
  отсталые, заики   113
  почитание старших   109
дождь   89
долги   77, 112
дорога   31
духовное преуспеяние   91

душевное расстройство   27

Ж

жатва   30, 62
женщина   *см. также* материнство
  месячные   102
жестокость   4, 10, 51, 77, 87, 128
животные
  враждебные   63, 123, 147
  падёж скота   50

З

заблудшие, удалившиеся от Бога   49
зависть   57, 121
заимодавцы   77
засуха   62, 89
земледельцы   71, 73, 81
землетрясение   17
злоба   3, 11, 14, 74, 141
злодеи   *см. также* разбой, 5, 7, 36, 72, 82, 124, 146
змеи ядовитые   123
зубы   37

И

имущество   26, 78, 83, 103, 124
иноверные   29
исповедь   104
испытания   24, 61, 129

К

клевета   16, 32, 54, 59, 108
ключ   15, 23
колдовство   6, 94, 96, 121
колодец   89
корабль   92
кровотечение   145

Л

лень   60
лжесвидетели   108
лицо
   больное   79, 146
лишения   *см.* бедность
ложь   *см.* обман
лукавые люди   8, 34
лунатизм   108

М

малодушие   61, 136
материнство   18, 19, 40, 67, 75, 106, 142
мигрень   128
милостыня   20
молитва
   просительная   25
   собранная   134
молния   17
молодые люди   41, 45, 98, 109
монашество   98
море   28, 92
мятежники   93, 141

Н

наводнение   17, 68
наказание Божие   50
народы
   бедствующие   85
   безбожные   *см.* варвары
   восстание народное   93, 143
   враждующие   132
   иноверные   29
   страдающие от властей   51
начальство   39, 101, 137
   жестокое   46, 51, 74, 140
нашествие
   варваров   117, 118, 135
   вражеских войск   26, 33, 73, 78
   разбойников   47, 78

несправедливость   32, 59, 110, 119
нечистые духи   6, 8, 9, 13, 24, 33, 45, 57, 65, 70, 90, 94, 96, 121, 138

О

обездоленные   38, 70
обида   3, 4, 10, 35, 46, 55, 69, 128
обман   8, 34, 64, 115, 119
общественное управление   2, 101
общественные волнения   93, 141, 143
общественные вопросы   51, 53, 59, 110, 137, 140
опасность   29, 48, 67, 133
отчаяние   69, 70

П

печень   12
пленники   42, 120
побои   5, 84, 146
погода   30, 148
пожар   21
познание Бога   29
покаяние   14, 49, 50, 51, 72, 104, 107, 108, 110, 128, 130, 131, 141
потеря
   дороги   31
   ключа   15, 23
почки   44
правители   137, 140
преступники   *см.* разбой
просвещение   105
птицы домашние   66
путешествие
   вынужденное   135, 150
   на море   28, 92
   сбившихся с пути   31

Р

работа   *см. также* торговля
   благословение труда   144
   лень (боязнь) работать   60
   найти работу   38, 46
   неопытность в работе   129
   неработоспособность   88
   неурядицы на работе   39, 46, 51, 74
   опасная   48
   совещания   2
   успешное начало работы   129
рабство   53, 120
разбой   *см. также* злодеи, 47, 78, 84
развод   10, 19, 43, 65, 94
разорение   *см. также* имущество, 26
разум   91
ранимые люди   4, 10, 55, 69, 128, 138
робость   60
родители
   их долголетие   86
   не понимающие детей   76
   скорбящие   22
роды   18, 75, 142
   преждевременные   40, 67
ропот   24, 61
рыбная ловля   52

С

сад   1
свобода   53
святая вода   63, 92
сглаз   *см. также* колдовство
сельское хозяйство   1, 26, 30, 50, 62, 66, 71, 73, 81, 83, 147, 148
семья
   долголетие главы семейства   86
   мир в семье   65, 116, 126, 127, 139
   муж и жена   10, 19, 43
   оклеветанная   54
   родители и дети   22, 76
   создание семьи   45
   строптивый глава семьи   139
сердце   44
скорбь   97
   бедняков   80, 103, 114
   беспомощных   88
   влюблённых   41
   обездоленных   38, 70
   ранимых   55, 69
   родителей   22
   сильная   56
слабоволие   136
слепота   122
служение Богу   98
смертный час   33
смерть   50, 68, 85, 118
смирение   119
собака бешеная   63
совещания   2
сон   9
спасение   49, 105, 130
ссора   35, 43, 94, 126
страх   7, 9, 13, 28, 33, 75, 84, 90
судьи   110
супруги
   бездетные   19
   в ссоре   10, 43, 94, 126

Т

терпение   61, 119
торговля   64, 81
труд   *см.* работа
трудности   24, 129

трудолюбие   60
тюрьма   32, 42, 112, 120

У
убийство   82, 118
уважение (почтение) к
   старшим   109
увечье   36
угрозы   7
ум
   на молитве   134
урожай   30, 62, 71
усопшие   150

Х
хульные помыслы   138

Ч
чужбина   29, 42, 120, 135, 150

Э
эпидемия   50, 85

Я
язык
   косноязычие детей   113
   связанный немотой   58

ИМЕННОЙ УКАЗАТЕЛЬ

Адам, праотец 29
Антипа Пергамский, сщмч. 115
Арсений Каппадокийский, прп. 105–107, 117–120, 153–154, 250
Арсений Пещерник, старец 174
Варвара Илиопольская, вмц. 110–111, 115
Варлаам, старец из келии прпп. Варлаама и Иоасафа 200
Варфоломей Капсальский, монах 145
Василий Великий, свт. 69, 104, 126
Гавриил Карульский, старец 131
Георгий Победоносец, вмч. 106, 116
Герасим Кефалонийский, прп. 117
Григорий Палама, свт. 179
Давид, царь-пророк 152–153
Димитрий Солунский, вмч. 116
Дионисий Дионисиатский, старец 242
Дионисий Закинфский, свт. 117

Ева, праматерь 29
Зервас Н., лидер антифашистского движения 224
Игнатий Кавказский (Брянчанинов), свт. 175
Иезекииль, пророк 184
Иоаким и Анны, богоотцы 103
Иоанн Златоуст, свт. 77
Иоанн Лествичник, прп. 41, 44, 77
Иосиф Обручник, прав. 197
Ирина Македонская, вмц. 115
Исаак Капсальский, старец 106
Исаак Сирин, прп. 26, 84, 106, 128, 173–174, 181, 184, 237, 245
Исаия, пророк 198
Иуда Маккавей, вождь 30
Кирилл Кутлумушский, игумен 75
Лукиллиан Никомидийский, мч. 121–122
Макарий Бузикас, певчий, монах 222
Мария Египетская, прп. 104
Мина Египетский, вмч. 116

Николай Чудотворец, свт. 107, 119
Павел Эвергетидский, прп. 73
Пантелеимон Целитель, вмч. 130
Пантелеимон целитель, вмч. 121
Параскева, вмц. 113
Пётр Катунакский, старец 242

Синклитикия Александрийская, прп. 104
Спиридон Тримифунтский, свт. 116
Тихон Русский, старец 84, 235–236
Филарет Капсальский, старец 145
Янис, житель Афона
Янис, мирянин, живший на Афоне

ТЕМАТИЧЕСКИЙ УКАЗАТЕЛЬ

А

ангел-хранитель
  только у крещёных   99
  его помощь   101
  – в загробной жизни   150
  почувствовать его
    присутствие   100
Афон
  сад Богородицы   91

Б

бдение всенощное
  не поддаваться сну   61–62, 213
  ради определённой нужды   219
  келейное   65
  келейное — в честь
    Богородицы   94
  келейное — в честь святого   108
беседа (ответ)
  как правильно отвечать на
    вопрос   129
благоговение
  в церковном пении   222
  при упоминании святых   106–108

благодарность Богу
  благодарить от сердца и за
    малое   232–233
  как её приобрести   233–234
благодать
  подаётся понемножку   239
благословение Божие
  кому даётся   35
благоухание
  для чего ниспосылается   240
  во время молитвы   69, 174
  святых мощей   105–106
Бог
  только Он вездесущ   112
  Благ и знает наши нужды   127, 142
  нежный Отец   22, 24, 142
  помогает смиренному,
    а гордому противится   37, 183
Богородица
  во время Рождества
    Христова   198
  Её любовь и помощь   95–98
  Её невидимое присутствие   91
  Её явление   89, 92
  исцеляет болезнь   39
  Иверская икона   89

Иерусалимская икона 92
Тиносская икона (Мегалохари) 89
благоговение к Ней 87
как Её полюбить 74
молитва к Ней 94–95
Акафист Ей 94, 208
почему просим Её: «Спаси нас» 92

богослужение
улавливать смысл читаемого 210, 223, 225
по сравнению с келейной молитвой 209
дремание на службе 210
можно ли сидеть 211, 213

болезнь
великое благословение 131
нужно ли лечиться 130
просить ли об исцелении 130, 143
в болезни обращаться к святым 119
в болезни помогает пение 131

В

Великий пост
первые три дня 198–200
переживание страданий Христовых 201
служба Страстям Христовым 202–204

война
гражданская 19
молиться, чтобы её не было 29

воображение
не представлять образы на молитве 69

врач
обращаться ли к нему 130

Г

гордость
отсутствие благоговения 65
мешает избавиться от страсти 37–38
мешает молитве 37

Греция 29–30

Д

дела
мысли о них на молитве 60, 63
на втором месте 65

дети
научить их искать глубокие смыслы 204

диавол
боится Креста 67
боится молитвы Иисусовой 164
как отвлекает от молитвы 65
его изобретательность 63–65
какая от него польза 164
сеет помыслы 164, 182

духовное делание
виды делания 76
заниматься тем, к чему есть тяга 55–56

душа
усопшего — как выглядит 144–145
в какой пище нуждается 26, 52

Е

Евхаристия *см.* **Причащение; Литургия**

Ж

женщины
   имеют нежное сердце   226
   склонны к отчаянию   185

жертвенность (любовь)
   радует Христа   34
   без неё аскеза мертва   34–35

И

иконы
   помогают на молитве   69
   как прикладываться к ним   68

искушение
   по причине эгоизма   37
   использовать с выгодой   169
   в искушении творить молитву шёпотом   168

исповедь
   перед молитвой   40–41

К

келья
   развесить в ней иконы   68
   как входить в чужую келью   58–59

корысть   *см.* эгоизм

крест
   защита от бесов   66–67, 70
   любовь к нему   223

Л

лень
   к молитве: как избавиться   21

Литургия
   как проникнуться этим таинством   212
   поминовение на проскомидии   138

любовь   *см. также* **жертвенность**
   где она, там рай   139
   признак настоящей любви   150

любовь Божия
   помнить о ней на молитве   24, 38

любовь к Богу
   и очищение от страстей   128
   как развивается   186
   от неё бесстрашие   205
   от неё благоговение   68
   от неё сильная молитва   191–193
   переполняет радостью и силой   82
   ради неё пост   201

М

маловерие
   тревога о себе   143
   способ избавиться   25

мир
   в каком положении находится   30

мироносицы
   их любовь ко Христу   205

молитва
   держать ум в Боге, помнить о Нём   186–187, 245
   пища для души   26
   простота общения с Богом   20, 24
   связь с Богом
   – на частоте «Любовь — Смирение»   33
   – неземное состояние   23
   – поддерживать, не перерубать   52
   – приносит помощь   19

– состояние защищённости 27
хранит в опасностях 27–29
ощутить себя ребёнком, Бога — Отцом 22–24
даётся простым и негордым 210
должна сопровождаться подвигом 158, 166, 173–174
ей препятствуют наши грехи 44–45
если ей мешают мысли о делах 60, 63
какими словами обращаться к Богу 20, 37, 40, 42
чего просить на молитве 126–128
«Отче наш» 126, 128
с болью, состраданием 134–135, 141–142, 172, 190, 213
за мир, за бедствующих людей 31, 132–138, 140
за Родину 30
за других 125, 156
за неправославных 30
о просивших наших молитв 139–141
о себе — для чего нужна 132–133
за усопшего 145, 147, 149
критерий правильной молитвы 241
чистая молитва 179
смиренная 37, 39, 41, 134
настойчивая 38–39
непрестанная 22, 27, 163, 165, 168
самодвижная 169–170
когда идёт легко 45

глубокое погружение в молитву 245–246
не искать в ней удовольствия, дарований 240, 242
понуждать себя к ней 52, 54
келейное правило 50, 52
перед молитвой
– исповедь Богу 40, 42
– полезно духовное чтение 73–74
– примириться с ближним 43–44
трудная, без желания 21, 24
ожесточение сердца на молитве 44
невнимательная 21
поспешная 25
когда её вытесняет работа 53
не отвлекать других от молитвы 58–60
с болью, состраданием 57–58

молитва Иисусова
в чём её отличие и предназначение 162–163, 166
всегда и везде 168
оружие против диавола 163–164
избавляет от искушений и помыслов 167–168
покаяние и смирение — главное 171, 177–178
святоотеческое чтение о ней 175–177
прежде неё
– молитва мытаря 42

– помолиться своими
  словами   21
«помилуй мя» или «помилуй
  нас»   125, 133
как её правильно произно-
  сить
  – слова молитвы   161–162
  – вслух или в уме   167
  – быстро или медленно
    175
  – стоя или сидя   174
чередовать с песнопениями
  75–76, 168
механические методы этой
  молитвы   172, 175–177
как соединять с дыханием
  172
не занятие йогой   173
её неправильное делание
  171, 175

монах
его предназначение   20, 31
подобен радисту   20
обязан молиться за усопших
  147
сегодня должен отдать все
  силы молитве   31
дичает от постоянной
  работы   53

мощи
нетленные   116
благоухание мощей
  105–106

Н

невнимательность   129
неправославные
  молиться за них больше   30
нерадение   *см. также* уныние
  как преодолевается   53–56

П

Пасха
радость Воскресения
  205–206
пасхальное яйцо   205

пение
питает и умиротворяет душу
  75–77
помогает
  – в болезни   131
  – в искушении   77
понимать смысл того, что
  поёшь   224–226
должно быть от сердца
  225–227
зависит от внутреннего
  состояния   219–220
как должно исполняться
  в церкви   221–222
как молиться, когда поёшь
  219
как было установлено
  в Церкви   218

подвиг (труд, понуждение)
условие молитвы   158, 166,
  173–174

покаяние
после него утешение
  и славословие Бога
  236–237
как сочетается со славословием   231
невозможно после смерти
  148

поклоны   31, 51, 53, 55, 79–84,
  174

помыслы
какие приходят во время
  молитвы   63–65
злые
  – вытеснять добрыми,
    исповедовать   45

– вытеснять Иисусовой
  молитвой   168
греховные
  – повод к непрестанной
    молитве   164
  – что им противопоставлять   69, 77
пост   *см. также* **Великий пост**
  искоренение душевных
    страстей   200
  когда хорошо переносится
    216
прелесть
  от большого самомнения
    171–172
Причащение
  огонь, согревающий тело
    216
  как готовиться к нему
    214–215
  благодарственные молитвы
    216
  по сравнению с молитвой
    40
просвещение Божие
  когда подаётся   129
проскомидия   *см.* Литургия
Псалтирь
  совершенство этой книги
    152
  ежедневное чтение   152
  помогает сердечной молитве
    155
  как ею пользоваться
    в разных нуждах   155,
    158
  «Обстоятельства» прп.
    Арсения   153–155
  как понимать «проклятия»
    некоторых псалмов   153

пустословие (болтовня)
  обратить в разговор со
    Христом   22

Р
работа
  может вытеснить молитвенную жизнь
    53
разговоры духовные
  по сравнению с молитвой
    22
рай
  просить ли у Бога попасть
    в рай   129, 139
Распятие Христово
  думать об этом   185,
    201–202, 212, 223
рассеянность (невнимательность)
  на молитве: как избавиться
    21, 181–185
Родина
  молиться за неё   30
  любовь к ней   224
Рождество Христово   197–198
Россия   97
рукоделие   *см. также* **работа**
  занимаясь им, молиться   55

С
Свет Нетварный
  не искать его   242
  опыт видения Света   243
святые
  неизвестные — самые
    великие   113
  их явления   120–122
  как перемещаются
    в пространстве   112–113

ежедневное чтение житий 103
подражать им 104
благоговение к ним 106–108, 110
молитва святому 108
почитание святого
 – личное 109–112
 – общецерковное 109

сердце
средоточие чувств 192
о чём должно болеть 157, 188–189

славословие Бога
от чувства благодарности 233
выше Иисусовой молитвы и покаяния 235–236
в нём есть и покаяние 231
как его совершать 232, 235
лекарство в болезни 235

слёзы
покаяния и славословия 237–238

смерть
переход в истинную жизнь 144
память смертная 182, 184

смирение
Бог слышит молитву смиренного 37–38, 132, 134, 240

сомнение
в том, что Бог слышит 38

сон
когда не берёт 61, 137
отправлять его страдающим людям 62

сострадание
какое правильное 143
на молитве 134–138, 156

спешка
торопливая молитва 25

ссора
препятствует молитве 44

страдания
думать о страданиях людей 135, 137

страсти
помеха молитве 32–33
не уходят из-за гордости 38

Т

трезвение
наблюдение за помыслами 181

тщеславие
причина искушения 37

У

ум
и мозг не одно и то же 190–191
когда он в Боге, очищается 179–180
его нужно воспитывать 185
когда сходит в сердце 188, 190–192
сосредотачивается на боли или деле 174
сосредотачивать
 – памятью о смерти 182
 – святыми мыслями 182, 185
 – смиренным помыслом 183

уныние
духовная расхлябанность 50–51
постигает человека чувствительного 49

усопший
  как выглядит его душа   144
  в первые сорок дней
    145–146
  нуждается в молитве
    148–149, 151
  молитва за него   145, 147,
    149
утешение
  подаётся соразмерно
    страданию   143
  после молитвы   241

Х

храм
  необходимо его посещать
    207–209
  похож на корабль   210
Христос
  Его рождение   197
  Его страдания и распятие
    185, 201–202, 212
  через Него наше спасение
    162
  для чего мы повторяем Его
    имя   163
  Его присутствие в храме
    207

Ц

церковь   *см.* храм

Ч

человек
  все люди — братья   29
чётки
  заводят духовный мотор
    72
  монашеский пулемёт   72
  откуда появились   70
чтение духовное
  чтобы захотелось молиться
    73–74
  об Иисусовой молитве
    175–177
чудо
  можно пережить, но не
    объяснить   119

Э

эгоизм
  самомнение и неуважение к
    ближним   60
  изолирует от Бога   33
  причина искушения   37
  в духовной жизни   57

УКАЗАТЕЛЬ ССЫЛОК НА СВЯЩЕННОЕ ПИСАНИЕ

Ветхий Завет

Бытие
  1:26 180
Исход
  3:2 216
Левит
  11:44 58
Первая книга Царств
  8:4-22 127
  14:24-31 127
  22:16-21 127
Псалтирь
  36:39 153
  46:7 218
  50 . . . . 52, 154
  50:19 37
  103:28 222
  108:7 64
Книга Притчей Соломоновых
  3:34 37
Книга Песни Песней Соломона
  5:2 169
Книга пророка Исаии
  1:3 198
  29:13 191
  66:1-2 192

Новый Завет

Евангелие от Матфея
  5:24 43
  6:4 114
  6:10 128
  6:11 126
  6:21 117
  6:33 126
  7:7 128
  8:22 133
  15:8 191
  15:21-28 39
  18:20 209
  22:37 192
  25:21,23 234
  27:34 203
Евангелие от Марка
  7:25-30 39
  12:30 163
  12:44 133
Евангелие от Луки
  2:7 197
  2:8 197
  9:60 133
  10:27 23
  18:2-8 39
  18:13 42
  23:40-41 211

Евангелие от Иоанна
  5:24 144
  14:12 120
  17:4-5 234
  19:28-29 203
Послание Иакова
  4:6 37
  5:13 220
Первое послание Петра
  1:16 58

  5:5 37
Первое послание к Коринфянам
  6:19 158
  14:40 220
Второе послание к Коринфянам
  9:7 52
Откровение Иоанна Богослова
  2:13 115

СПИСОК ИЛЛЮСТРАЦИЙ

Икона преподобного Паисия, написанная
в Свято-Преображенском скиту Данилова мужского
ставропигиального монастыря 2
Преподобный Паисий в обители святого Иоанна Богослова
в июне 1990 года 10
Преподобный Паисий в обители святого Иоанна Богослова
в мае 1991 года 71
Икона Пресвятой Богородицы «Страстна́я» («Стра́шное
предста́тельство»), написанная сёстрами обители святого
Иоанна Богослова 88
Преподобный Паисий на Афоне 90
Преподобный Паисий в обители святого Иоанна Богослова
в январе 1994 года..................................... 176
Псалтирь, принадлежавшая преподобному Паисию, с его
записями на полях 248
Преподобный Паисий в обители святого Иоанна Богослова
в январе 1978 года возле мощевика с главой святого
Арсения Каппадокийского............................... 249
Икона преподобного Арсения Каппадокийского, написанная
к его прославлению сёстрами обители святого Иоанна
Богослова в соответствии с указаниями старца Паисия 269

Духовно-просветительское издание
Для читателей старше 12 лет

Преподобный Паисий Святогорец
СЛОВА
Том VI
О МОЛИТВЕ
Перевод с греческого
Четвертое издание

Ἱερὸν Ἡσυχαστήριον Μοναζουσῶν "Εὐαγγελιστὴς Ἰωάννης ὁ Θεολόγος"
570 06 Βασιλικὰ Θεσσαλονίκης
тел. +30 23960 41320, факс +30 23960 41594

Общество с ограниченной ответственностью
«Электронное Издательство «Орфограф»
109316, Москва, Волгоградский проспект, д. 47

E-mail: orfograf.com@yandex.ru
Телефон +7 (495) 642 24 54

Сайт издательства: www.orfograf.com
Книги преподобного Паисия Святогорца по ценам издательства:
старецпаисий.рф

Издательство «Орфограф» выражает сердечную благодарность рабу Божию Илье, без помощи которого не увидела бы свет эта книга и просит читателей молитв о нём и его семье.

Подписано в печать 26.04.2021. Формат 60×100/16
Печать офсетная. Гарнитура Minion Pro.
Усл. печ. л. 23. Тираж 7 000 экз.
Заказ №

www.ingramcontent.com/pod-product-compliance
Lightning Source LLC
LaVergne TN
LVHW012035070526
838202LV00056B/5501